中国文化史知识丛书

中国古代地理学

修订版

赵荣 著

商務印書館国际有限公司
中国·北京

图书在版编目（CIP）数据

中国古代地理学 / 赵荣著 . — 修订版 . — 北京：商务印书馆国际有限公司，2024.3

（中国文化史知识丛书）

ISBN 978-7-5176-1064-9

Ⅰ . ①中…　Ⅱ . ①赵…　Ⅲ . ①历史地理学－中国－古代　Ⅳ . ① K928.6

中国国家版本馆 CIP 数据核字（2024）第 009926 号

ZHONGGUO GUDAI DILIXUE

中国古代地理学（修订版）

著　　者　赵　荣
出版发行　商务印书馆国际有限公司
地　　址　北京市朝阳区吉庆里 14 号楼
佳汇国际中心 A 座 12 层
邮　　编　100020
电　　话　010 – 65592876（编校部）
010 – 65598498（市场营销部）
网　　址　www.cpi1993.com
印　　刷　三河市紫恒印装有限公司
开　　本　787mm × 1092mm　1/32
字　　数　113 千字
印　　张　6
版　　次　2024 年 3 月第 1 版第 1 次印刷
书　　号　ISBN 978-7-5176-1064-9
定　　价　28.00 元

目　录

第一章　从《禹贡》到《汉书·地理志》

——先秦两汉时期的地理学成就

一　早期的地理认识 / 002

二　汉代地理学的发展 / 028

第二章　制图六体与《水经注》

——魏晋南北朝时期的地理学成就

一　裴秀的地图制作理论 / 054

二　郦道元的《水经注》/ 057

三　法显与外国地理认识 / 062

第三章　一行的子午线测量与沈括的地理思想

——唐宋时期的地理学成就

一　玄奘与《大唐西域记》/ 068

二　世界上最早的子午线实测 / 075

三　颜真卿与海陆变迁的认识 / 077

四　沈括的地理思想 / 078
五　中国古代地理学传统的形成与发展 / 084

第四章　郑和下西洋与徐霞客全国地理考察
——元明时期的地理学成就
一　元代地理认识与河源考察 / 094
二　郑和与西洋地理新认识 / 107
三　王士性的地理学思想 / 113
四　徐霞客的地理考察与贡献 / 121
五　潘季驯治黄理论中的地理思想 / 130

第五章　从地理著作的校勘到地理教科书的编写
——清代地理学成就
一　清初的地理学新思想与地理成就 / 134
二　地志撰著的重视与相关理论 / 141
三　古代地理著作校勘的成就 / 146
四　水道著作的重视 / 152
五　清代世界地理著作《海国图志》/ 155
六　地图的演变 / 158
七　自然地理认识 / 161
八　近代地理教育的肇始 / 175

第一章

从《禹贡》到《汉书·地理志》

——先秦两汉时期的地理学成就

先秦两汉时期（远古—220），是我国古代地理学观念由萌芽到初步发展的时期，也是我国传统地理著述体系的逐渐建立时期。

一　早期的地理认识

（一）地理知识的萌芽

原始社会，人们还依靠渔猎、采集为生，他们必须对自己生活地区的地理情况有一定了解，必须知道去什么地方渔猎、采集食物，否则就难以生活下去。即使到定居农耕时代，也必须了解居住区的地形、水文、气候，以及它们与栽培植物的关系等知识，然后才能确定定居地点与栽培植物的驯化、种植。因此，地理知识的萌芽是随着人类的产生而产生，随着社会的进步而不断发展的。

根据考古资料，在我国原始社会的初民阶段，从距今 170 万年前的元谋猿人遗址，到距今约 1.8 万年前的山顶洞人等众多的人类文化遗存中都可以看出，那时人们对岩石、地形等地理要素的认识已积累了不少知识。如他们制造工具一般都以坚硬的石英岩、燧石为主；居住地的选择，也一般选取近水的天然洞穴（如北京猿人、山顶洞人等）或者河流阶地上（如丁村人等）。距今约 60 万年前的北京猿人当时至少已对周围 5 公里之内的地理环境有所了解。例如，他们使用的石英和水晶等石料就是主要采取于遗址以北两公里以内的花岗岩区，少数石晶则是取于 5 公里以外的牛口峪，还有许多砾石则采取于遗址附近的河滩。

到了定居农耕的母系氏族和父系氏族社会时期，人们对周围地理环境的认识有了显著扩大，地理观念也有了很大变化。首先，在居住地的选择上表现了强烈的地理意识。从现在发现的古文化遗址（新石器时代）来看，他们一般都选在便于取水、耕作、渔猎、采集，又可防止洪水灾害的河流二级阶地上。如西安半坡仰韶文化遗址、临潼姜寨遗址等都是这样。其次，在方位概念、土壤特性的认识上，也表现了明显的地理认识。如在半坡仰韶文化遗存中，房屋大多朝南开门；一些墓葬排成间距大致相同的东西一线。甘肃永靖秦魏家的齐家文化遗址中，有一处墓地为南北 6 排共 100 多座墓，死者的头向一律朝西北；而在这一墓地之东 20 多米的地方，又有东西 3 排 129 座墓，死者的头向却一律朝西。很显然，这清楚地表明当时人们已有了地理方位概念。新石器时代陶器的出现，是当时土壤认识的一大标志。陶器是以高岭土为主要原料烧制的，只能是人们对不同土壤性能有了相当认识的情况下而出现的。此外，北方文化遗址中耐旱作物（如粟、稷）的出现和南方水稻的出现，也说明当时人们已对不同区域的气候、土壤、水文环境有了较深入的认识，懂得因地制宜栽培适宜作物品种。正如山东大汶口文化中有一陶文“⛢”，就被认为是山、云、气、太阳的组合，反映的是古人对太阳照射、水汽蒸发成云这一过程的正确认识。

到了夏商周时代（前 21 世纪—前 771），随着文字的出现，已有了较多的当时地理认识记录。如商代甲骨卜辞中就有不少日食、月食等天气现象的记述。据董作宾等先生研究，其中就有 3000 多年前，殷文丁六年 3 月 20 日至 29 日连续 10 天的天气记录。当时人们已认识到的天气现象有：晴、阴、云、雨、雪、风等，而且还有对风和雨的强度、方向等差异的认识和记录。周代对地理环境很重视，非常注意居住区地理条件的好坏。如周成王准备建都洛邑（今洛阳市）时，就先派召公去洛邑一带踏勘地形，后来又派周公去现场考察，并绘成地形图让周成王审定。保存至今的周代诗歌总集《诗经》中，也包括了很多地理知识，反映了当时人们对流水地貌、土壤、植被等方面的知识。特别是周代还设有许多与地理相关的专门官职。如“司徒”（金文作司土）就是管理土地、农业生产及相关地图的官职；“司马”是主管军赋及军事地图的官职；“土训”则是以介绍各地情况供君王咨询为主要职责。

总之，从最早的地理知识萌芽到夏商周时代，我国古代人民已对一些区域的地理现象及一些自然地理要素的特征，有了相当认识。

（二）最早的地理著作——《禹贡》与《山经》

传说约在公元前21世纪的夏禹时代，我国各地洪水滔天，到处一片汪洋。这时有一位叫作禹的人带领大家疏导河流、平治水土。他在外13年，三过家门而不入，终于使河流归道，天下太平。我国古代著作《尚书》中的一篇《禹贡》，就被认为是记述当时大禹平治水土业绩的古老文献。

其实，《禹贡》是假托大禹之名，写作于春秋战国之际（约公元前5世纪左右）的一部古老地理作品，它系统地反映了当时人们对区域地理的认识。

《禹贡》文字精炼，叙事概括，全文仅1000多字，记述了全国的山川、物产、田赋等方面的重要内容。全部内容可分四部分，第一部分以区域对比的方法记述九州的情况。《禹贡》以荆、衡、岱、太华四山，河、济、淮、黑四条河流和海为分界标志，划分全国为九州，即：冀（今山西、河北，辽宁辽河以西）、青（山东东部）、兖（yǎn，今山东西部）、徐（今山东南部、江苏北部、安徽北部）、扬（今江苏南部、安徽南部、浙江北部、江西北部）、豫（今河南）、雍（今陕西、甘肃）、荆（今湖南、湖北）、梁（今陕西西南、四川）。分州叙述各州内山川、湖泊、土壤、物产以及田赋等级、贡品名目和水陆运输线，在一些州里还提到少数民族。如所记述的青州，说青州地居海与岱（泰）山之间；其地土壤为白坟（灰壤）、斥（盐渍土）；田地为第三等，赋税为第四等；物产有盐、絺（chī）等；贡道（交通线）是由汶水到济水入黄河至王都所在的冀州。九州之后，以专题形式记述的是“导山”、“导水”两部分。“导山”是假托大禹治水时的行经路线，所以只记山名，但相关联的山岳便形成四条“山列”的概念。“导水”假托为大禹所治之水，所以从上游开始，依次记述了弱水、黑水、河水（黄河）、江水（长江）、汉水、济水、淮水、渭水、洛水及其重要支流的名称。《禹贡》最后一部分是一个理想的政治地理制度，即“五服制”。它以距王都距离的远近进行区划。以 500 里为别，由王都向外依次分为甸、侯、绥、要、荒五服，并规定了相应的管理方法及赋役交纳等级。

从《禹贡》的内容可以看出，当时人们已掌握了我国地势西高东低、山岳分布西部集中东部分散两大特征，同时对境内的主要水系也有了深刻了解。其次，对境内自然地理现象的观察也相当准确。如关于东部兖、徐、扬三州自然景观的描述，说兖州“厥草惟繇（yáo），厥木惟条”；徐州“草木渐包”；扬州“厥草惟夭，厥木惟乔”（《尚书 · 禹贡》）。正确记述了三地的植物景观特征。再次，反映了当时土壤分类的萌芽和水道系统的观念。因此，《禹贡》是一部包含了我国最古老的有关政治地理（九州制、五服制）、水文地理、山岳地理和经济地理等内容的系统区域地理著作，反映了早期人们的地理认识水平。

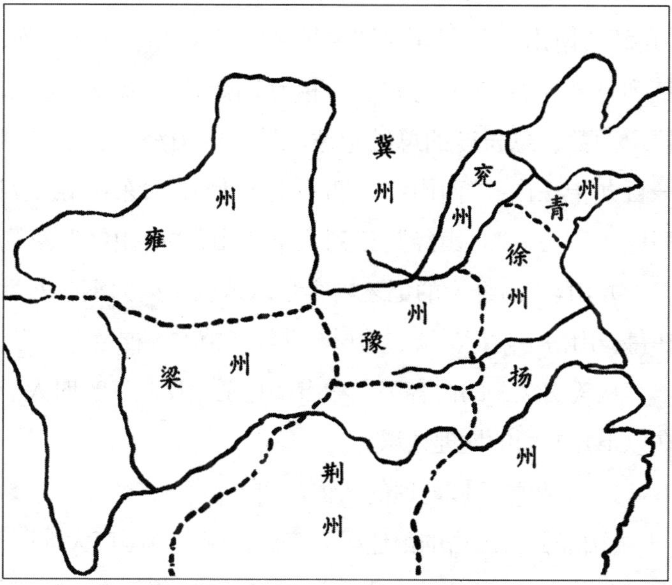

九州分布示意图

《山海经》是我国历史上一部非常著名的古老著作，

很多人都把它当作记述奇异古怪的神话作品来读。其实这部书中包含了我国最早的地理著作之一——《山经》(又称《五藏山经》)。

《山经》约成书于战国时代，不仅是《山海经》各部分中时代最早的作品，而且地理意义也最大。它共分五卷二十六篇，实际上是以晋西南和豫西为中心，以东西南北四个方位配合区划，记述中国境内的五大区二十六列山岳。五大区以方位分别称“中山经”“西山经”“东山经”“南山经”“北山经”。每区内又按顺序分若干列，每列从头到尾有山的方位、相互间距离，以及每列末的山岳数、总长度的总结记述。计“中山经”有十二列一百九十三山，“西山经”四列七十七山，“东山经”四列四十六山，“北山经”三列八十八山，“南山经”三列二十九山。《山经》的记述内容是以这些山列为纲，然后在每一山岳下附记河流、地形、动物、植物、神话等内容。

从《山经》的内容可以看出，它至少反映了当时人们在以下几方面的地理认识：

1. 对我国区域地理的认识范围

《山经》对山岳的记述极为广泛，遍及全国广大地区。据谭其骧先生研究，“南山经”所涉及的范围，大致东起浙江舟山群岛，西抵湖南西部，南达广东南海。“西山经”大致包括东起山陕黄河，西抵鸟鼠山、青海湖一线，南自秦岭山脉，北到宁夏盐池西北、陕北榆林东北一线，西北及于阿尔金山的范围之内。“北山经”包括西起贺兰山，东到太行山，南起中条山，北到阴山及43°N一线的地区。“东山经”范围大致北起莱州湾，东抵成山角，西含泰山山脉的地区，主要属于山东境内，只有“东次二经”的南段部分山位于苏赣境内。“中山经”则主要限于河南、陕西、湖北三省交界及河南省的广大地区。

2. 反映了当时人们的“山脉”和“水系”概念

《山经》记述山岳，一方面分成区、“段”（列），另一方面，每列的记述都按一定的顺序依次讲其走向、距离。如所述：“西山经，华山之首曰钱来之山……西四十五里，曰松果之山……又西六十里，曰太华之山……凡西山经之首，自钱来之山，至于騩（guī）山，凡十九山，二千九百五十七里”（《山经·西山经》）。虽然这些山是各自独立的山岳，相互不具连绵性，但是通过这种叙述方法，则不难看出这里包含的正是具有科学意义的山脉概念的萌芽。《山经》在叙述河流时，不仅指明各河流的发源山岳、流向，还讲明了它们的交汇情况，已从单独的河流记述，逐渐形成相互关联的水系观念。如《西次四经》中讲到孟山“生水出焉，而东流注于河”，其西的白于之山“夹水出于其阴，东流注于生水”，叙述的就是一个有二三级支流的水系系统。

3. 包含了当时有关地貌、水文、物产等方面的地理认识

如所涉及的矿产资源中，仅金属产地就有 170 多处，其中提到的金属矿物名称就有金（黄金、赤金）、银、铜（青铜、黄铜）、铁、锡等十多种。

当然，《禹贡》和《山经》仍有许多不可靠的内容，尤其是《山经》中包含了许多奇花异草、神禽怪兽的神话故事以及虚构的山岳距离等内容。但它们作为我国现存最早的地理著作，仍具有重要的意义。

（三）《管子》《尔雅》与春秋战国时代的自然地理认识

《管子》是一本托名为春秋时齐相管仲的先秦时代著作;《尔雅》传说是周公或西汉刘歆的作品，实际上它是战国末期收集各家著作编成的一部词典。在这两部著作中，有许多内容涉及春秋战国时期人们的地理观念和认识，主要有地形分类、河流特征、植物地理分布、土壤分类等。

在地形分类方面,《管子》按照农业生产的要求对地形进行分类，分丘陵有十五种、山地有五种不同形态。如丘陵有：坟延（或坟衍，指平缓低丘）、杜陵（较大土阜）、延陵（延展的大土阜）、环陵（高大块状土阜）等。

山地有：县泉（有泉水流下的山）、复吕（重山的顶部）、泉英（有泉水的两重山）、山之材（半山腰）等。《尔雅》的分类更系统，也较科学，有些地形命名至今仍在沿用。如《尔雅·释地》中称："下湿曰隰（xí），大野曰平，广平曰原，高平曰陆，大陆曰阜，大阜曰陵，大陵曰阿。"同时《释水》中还将河中自然洲与人工洲等进行了分类，说："水中可居者曰洲，小洲曰渚，小渚曰沚（zhǐ），小沚曰坻（chí），人所为为潏（yù）。"

关于河流特征，《尔雅·释水》中有一个渎——浍（kuài）——沟——谷——溪——川的山地河流体系，并指出它们的相互关系为："水注川曰溪，注溪曰谷，注谷曰沟，注沟曰浍，注浍曰渎。"是一个包括了五级支流的河流体系。此外，关于河床演变原因，也已从水力学角度注意到这一变化过程。《管子·度地》中就讲到：河水流到河床弯曲处，就会冲击河岸使之崩塌，同时流水本身由于受激而发生跃动，水跃动则流向会偏斜，偏斜而产生环流和漩涡，环流和漩涡又会冲刷河床，由于冲刷河床而使水易挟带泥沙，这些泥沙在河床上就会沉积，从而阻塞河道，使河道迁徙，在迁徙过程中还会受到新的阻力，由此继进，就使河流不遵旧道而妄行。

在植物的地理分布方面，当时已注意到植物的垂直、水平分布差异及湖边植物演替序列等现象。如《管子·地员》提到的五种山地形态及其植物品种，其分布特征与秦岭太白山植被垂直带谱相比较，植被分布谱序十分类似。同时所记述的从水中到陆地，从低处到高处的十二种植物分布，则与近现代植物地理学书中常引用的小水池或湖泊植物演替序列图十分相似。这些都充分表现了当时对湖边植物演替规律的正确认识。

关于土壤的认识与分类，最早比较系统的认识，除了我们提到的《禹贡》外，最具代表性的是《管子·地员》中的有关记述。《管子》根据土壤的颜色、味道、透水性、粒度、含沙量、孔隙度等，分九州（全国）土壤为九十种：先是根据土壤肥力分为上中下三等；等下又根据土壤质地分为十八类（每等下六类）；每类下又据赤、青、白、黑、黄色分为五个土种（五色土），总计九十种。有所谓粟土、沃土、沙土、塥（gé）土、桀土等。虽然这种分类有许多牵强和虚拟之处，但作为早期人们对土壤的观察、认识成果，还是有积极意义的。

（四）反映在水利工程中的地理认识

萌芽于原始社会末期的水利工程，到春秋战国时已得到空前的发展，特别是战国时代出现的许多著名水利工程，如芍陂、都江堰、郑国渠、灵渠等，都包含了当时人们对区域地理形势、水文特征等认识的重要地理思想成果。

芍陂是公元前 6 世纪末楚国孙叔敖领导修筑的一座大型蓄水灌溉工程，位于今安徽寿县安丰城南，所以又称安丰塘。它恰当地利用了当地东、南、西三面较高而北面较低洼的地形特点，引水截流而形成一个大型蓄水池，利用闸门等控制调节水量，可灌溉农田近一万顷，使这一地区农业（水稻种植）得到较大发展。

都江堰，位于四川都江堰市，是举世闻名的水利工程。它是公元前 3 世纪李冰在古人引水工程基础上，通过对都江堰一带地形、水文等地理要素进行调研、分析，而设计实施的、引岷江灌溉的水利工程。它由分水、开凿和闸坝三部分工程组成。分水工程是在水中筑分水鱼嘴，将岷江一分为二，东为内江，供灌溉农田用水；西为外江，即岷江主流。闸坝工程则包括调节入渠水量的溢洪道——“飞沙堰”和一组调节水量的闸门。开凿工程是对江道引水处及引水渠加以适当开凿，使岷江有足够水量流入引水渠，以保证灌溉面积。同时还在水中设置三个石人，作为随时观测水量变化的标尺（水尺），以便及时掌握引水量等问题。

都江堰不仅是保证引水的单一工程，而且在防洪、分配洪枯水期水量上都有系统的配置。所以，它的修成，使成都平原 300 万亩良田得以灌溉，使这里成为旱涝保收的“天府之国”。2000 多年来，这一工程始终发挥着作用，足见当时人们在工程地理位置选择及技术问题见解上的科学性。

郑国渠，是公元前 246 年秦国修在关中的一条引泾（河）水利工程。它由韩国人郑国主持设计施工，自泾河出山（北山）口引水，向东至洛河，修筑长达 300 里的灌溉渠道，用以浇灌关中渭北四万余顷农田。其结果，使“关中为沃野，无凶年”(《史记 · 河渠书》)。这项水利工程也是在充分调查研究的基础上，恰当地利用了关中渭北、泾洛二河之间的地形特点，进行总体设计和施工的，在引水口最大可能地利用了当时泾河出山口处西北略高，东南稍低的地势，将渠首选在较高处；又利用这里东侧河岸弯曲，在其稍偏下游的河流最大冲击流速处引水。从而有效地保证了进水量及渠线高度，最大限度地控制了灌溉面积。同时整个水利工程又形成一个自流灌溉系统，充分利用和发挥了这里的地形优势。自此以后，这里的水利建设，经汉、唐、宋、元、明、清，到现在，无论是在引水位置，还是在渠线上，都基本沿用秦郑国渠的传统，仅有些微变化。

灵渠，位于今广西兴安县城附近，是一条连接湘江、漓江、大榕江，沟通长江和珠江两大水系的人工运河。它是秦始皇为攻取五岭以南各地，解决军粮运送问题，于公元前219年派史禄经五年勘察设计、修凿而成的，全长约34公里。灵渠的修凿是在充分利用地理形势的优越条件下完成的。

兴安县城附近是一个小盆地，周围为山地，这里与东北的湘江、西南的大溶江、漓江相连，形成历史上著名的交通要道“湘桂走廊”。在这里，以兴安县为界，东半部地势南高北低，发源于海洋山的海洋河，便依地势由南向北，经兴安县城东侧流过，成为湘江的一支源流，它由湘江而入长江，属长江水系。兴安县西半部地势北高南低，发源于猫儿山的六洞河顺势南流，一路上汇支流而成大溶江，南至桂林附近又称为漓江，漓江向西南流经梧州等地而入西江、珠江，属珠江水系。在兴安县城附近，有一条源于县城西北的始安水，向西南流入大溶江，成为珠江水系的一条小支流；兴安县城东又有一条双女井溪流入湘江，为长江水系的一条小支流。而这二条小水系的分水岭是几条小山岭（即太史庙山、始安岭等），其宽度不过1.5公里左右。

灵渠的开凿就是巧妙地利用了这一地形优势，选取这里为沟通长江、珠江两大水系运河的最佳地段。在具体选线上，为了解决最窄处湘江低于大溶江水位、长江水系的水流不能流入大溶江的问题，采取了抬高引水渠口到海洋河下游，延长渠线，降低比降，使之保持一定的水位高程。而渠道的开凿又充分利用了旧河道，全长34公里的运河只有4公里为新开挖河道，其他全利用旧河道进行少量修改。新河道还注意避开了溶洞渗漏问题，同时在引水处采用分水铧嘴、在运河沿线采用防洪的“大小天平”等工程措施，使运河无论在洪涝还是干旱时期，都能保证航运的正常进行。至今，这一水利工程仍在被使用，发挥着重要的作用。

就以上水利工程的规划、设计到效益来说，不难看出，它们都不仅是采用了比较科学的工程措施，而且最重要的是，它们是在对各种区域地理形势进行认识、比较的基础上，正确地选择了最优的地理走向（条件），即在当时技术生产水平下的最好选择。这说明，当时在区域地理认识上，已能正确地将对地理的正确认识应用到生产实践中去。

（五）世界观念

先秦时期中国人对于世界的认识观念主要有三种，即“盖天说”“大小九州说”和“四海说”。

1. 盖天说

这种观点在春秋时代非常流行，其核心观念是认为天像一顶斗笠，地像一个反扣的盘子。据《周髀（bì）算经》记载，盖天说不仅认为“天象盖笠，地法覆盘”，而且指出:“天地各中高而外下”，天地间相差八万里，北斗为天的中央，中央天比两旁高出六万里，北斗正对的下面是地的中央，它比人们居住的地区高出也是六万里。

2. 大小九州说

为战国时齐人邹衍创立。他以《禹贡》九州概念为基础，推衍世界面貌，认为中国有九州，九州之内各有名山、大川、物产等，叫“赤县神州”。在中国之外，有如“赤县神州”的九个州，叫“九州”，“九州”之外又有这样的“九州”九个，所谓“大九州”，共计天下八十一州。“九州”之间为海水所隔，大九州之外有大海环绕，为天地之际；而中国仅占天下的1/81，其原文是：

……中国者，于天下乃八十一分居其一分耳。中国名曰赤县神州，赤县神州内自有九州，禹之序九州是也，不得为州数，中国外如赤县神州者九，乃所谓九州也。于是有裨（bì）海环之，人民禽兽莫能相通者，如一区中者，乃为一州。如此者九，乃有大瀛海环其外，天地之际焉。(《史记·孟子荀卿列传》)

3. 四海说

这种观点认为中国四面为海水环绕，世界似乎是一个海洋的世界。这种观念产生得比较早，流传时间也较长。如《尚书·大禹谟》中已提到“文命敷于四海”,《五藏山经》中也明确讲到东西南北四海。讲得比较系统的还是荀子，他认为:“四海之内若一家。”“北海则有走马吠犬焉，然而中国得而畜使之；南海则有羽翮（hé）齿革曾青丹干焉，然而中国得而财之；东海则有紫紶鱼盐焉，然而中国得而衣食之；西海则有皮革文旄焉，然而中国得而用之。”(《荀子·王制》)

由此可见，先秦时期中国人对于世界地理的观念是十分狭隘的，仅仅限于自己活动的黄河中下游地区，对外部世界的地理认识还停留在猜测阶段。

（六）军事地理学的发达

军事地理研究很早就受到人们的重视，尤以春秋战国时代最为发达，这时不仅在战争实践中出现了许多英勇善战的军事家，而且在学术研究上出现了“兵家”学派。虽然军事地理并未作为一门专门学科，但是，当时对地理环境与军事活动的关系却非常重视，不仅在战争实践中加以巧妙利用，而且在军事理论论述中也有涉及。

（1）关于地形与军事活动的关系，先秦时的认识是明确的。如孙子说:“夫地形者，兵之助也。料敌制胜，计险扼远近，上将之道也。知此而用，战者必胜，不知此而用，战者必败。”还指出：“知彼知己，胜乃不殆；知天知地，胜乃不穷。”（《孙子兵法·地形》）所以，当时作战便要求“凡兵主者，必先审知地图”，了解所谓“轘（huán）辕之险，滥车之水，名山、通谷、经川、陵陆、丘阜之所在，苴草、林木、蒲苇之所茂，道里之远近，城郭之大小，名邑、废邑、困殖之地”等地理条件，“然后可以行军袭邑，举错知先后，不失地利”（《管子·地图》）。而且在兵法中，明确提出战争胜负与地理条件的关系。如曰：“兵法：一曰度，二曰量，三曰数，四曰称，五曰胜。地生度，度生量，量生数，数生称，称生胜。”（《孙子兵法·地形》）它的意思是：兵法说，判断战争的胜负，要注意五种情况，一是土地面积的大小，二是物产的多少，三是兵员的多寡，四是力量的对比，五是胜负的可能性。而归根结底是地理环境的问题，因为有了土地才有面积的大小（度），有了土地面积的大小，才有生产物产的多少（量），由物产的多少就可以决定兵员的多少（数），由兵员的多少就能衡量出双方的实力（称），由实力的对比就可看出谁胜谁负（胜）。这就清楚地表明，当时已认识到战争与地理条件的密切关系，特别是它在军事活动中的巨大意义。

（2）在军事理论方面也有比较深刻的研究，并详细论述各种地形与军事活动的关系。《孙子兵法》《孙膑兵法》等文献中就有很多丰富的资料。如《孙子兵法·地形》中所载：

> 地形有通者，有挂者，有支者，有隘者，有险者，有远者。我可以往，彼可以来，曰通。通形者，先居高阳，利粮道以战，则利。可以往，难以返，曰挂。挂形者，敌无备，出而胜之。敌若有备，出而不胜，难以返，不利。我出而不利，彼出而不利，曰支。支形者，敌虽利我，我无出也。引而去之，令敌半出而击之，利。隘形者，我先居之，必盈之以待敌。若敌先居之，盈而勿从，不盈而从之。险形者，我先居之，必居高阳以待敌，若敌先居之，引而去之，勿从也。远形者，势均难以挑战，战而不利。凡此六者，地之道也。将之至任，不可不察也。

是说：地形有通、挂、支、隘、险、远六种。在通形地带（敌我都可以往来之地）作战，要先占据地势高而向阳的地方，并使粮道通畅易于转运，然后交战才有利。在挂形地带（易去不易回，即地形复杂，敌我犬牙交错之地）作战，倘敌无备，则出击可取胜；敌有备，则出击不胜会被截断归路，难以返回，如此则出击不利。在支形地带（敌我出击皆不利之地）作战，敌我相持，若敌诱我出击，则不要出击，等敌自动撤退时，引兵追击，待敌半出险要时而击之，则为有利。在隘形地带（两山之间），如我军先占据，要用重兵布满隘路以待敌，相机出击；若敌先占据隘路，已布重兵把守，则不要与敌交战，如敌无重兵，则可以交战。在险要的地带，如我军先占领，则应占据高而向阳的地方等待来敌；若敌先占据，则不宜交战而应撤退。敌我双方距离很远，且势均力敌，则不应主动出兵挑战。最后指出：所有这六种关于地形作战规律，是将帅非常重大的责任，不能不慎重对待。

由此可见，当时对地形与军事活动关系的分析已相当深入细致。也可能正是这种认识的普遍应用，所以古代许多著名战役都是与巧妙利用地形分不开的。如公元前341年齐魏马陵之战，就是齐军孙膑利用马陵道的险要地形，伏击魏军取胜的。秦穆公时“晋人及姜戎”伏击秦军于殽（河南灵宝附近），也是利用了这里的险要地形。特别是这次战前，秦蹇叔等就明确指出此次出兵东去，必败于“殽扼也”（《史记·秦本纪》）。可见他们对各地军事地理形势了如指掌。

总之，先秦时代关于地理形势与军事活动的认识、探索、实践活动，特别是关于不同地形采用不同作战方式的理论，无论在理论上还是实践上，都具有科学道理，这充分说明，中国先秦时代军事地理学的发展已渐趋成为一门近于成熟的学科。

（七）地图的出现与发展

1. 远古地图的传说

地图作为人们表达地理现象的工具，它是人类社会实践的产物。据民俗学材料，很多原始居民虽无文字，却有一定水平的地图出现，如太平洋上的马绍尔群岛、北美洲哈德逊湾、西伯利亚叶尼塞河下游的土著居民就是这样。在中国，目前虽没有发现史前期人的地图实物，但从关于地图的远古传说中，可以看出中国的地图起源也是很早的。

“史皇作图” 传说黄帝时期，黄帝的一位大臣叫史皇，曾绘制地形物象之图，而且这幅地图在黄帝与蚩尤的战争中，对黄帝战胜蚩尤起了很大作用（《世本 · 作篇》）。据民俗材料，因纽特人制作的最早地图是刻在木板上的浮雕地形图；波利尼西亚人则是用石头和小棍子作出示意图；也有的原始居民是利用皮革、树皮等作为绘图材料。因此，中国早期的地图，最初也大致是利用常见的皮革、树木板块作材料绘制示意图，或利用各类材料摆放模型图，史皇的地图可能为前者。

“河伯献图” 《尸子》(辑本)卷下载:“禹理水，观于河，见白面长人，鱼身，出，曰:‘吾河精也。’授禹河图，而还于渊中。”《博物志 · 异闻》说:“昔夏禹观河，见长人，鱼身，出，曰‘吾河精’，岂河伯也? ”河伯，名冯夷，据说因渡河而淹死，天帝封为水神。他献给禹的是一块大青石，据说上面有许多弯弯曲曲的线条，表示黄河水道情况。为禹“因势利导”治理河道，提供了重要依据。从所述“河图”内容看，这是一幅刻于石材上的水系图。

“九鼎图” 据说禹治水成功后，全国各地(九州)皆贡献方物、金属等以示庆贺、感激。于是“禹收九牧之金，铸九鼎，象九州”(《汉书 · 郊祀志》)。即用各州送来的金属造成九个大鼎，在鼎上铸有九州的山川、物产等人文特征。《左传》称九鼎上的图画内容“百物为之备”，而其作用则“使民知神、奸，故民入川泽山林，不逢不若，魑魅魍魉，莫能逢之，用能协于上下，以承天休”(《左传 · 宣公上》)。似乎言其内容除一般地理特征外，更多的是描述了许多神话内容。

总之，后来夏商周都将它作为国宝和国家的象征，随国都迁移存放。后人比喻说话分量重要的成语“一言九鼎”就是由此而来。

遗憾的是，“至秦，九鼎亡”。其中传说泗水中有一个，秦始皇曾“使千人没水求之”，仍“弗得”，其余八鼎亦下落不明。因此，我们尚难了解当时九鼎图画关于九州地理形势究竟是如何表示的。但它属一种示意（或象征意义）的地图，当是无疑的。

“山海图” 据明代地理学家杨慎等考证，认为在九鼎图后，有人根据九鼎图，曾制作过“山海图”，同时还有关于“山海图”的文字说明，即今存的《山海经》。后来“山海图”佚失，仅留下说明文字《山海经》留传至今。如其云“则九鼎之图，其传固出于终古，孔甲之流也，谓之曰‘山海图’，其文则谓之《山海经》”（杨慎:《山海经补注》）。

如果此说可信的话，那么从《山海经》的内容不妨推测“山海图”的内容，大致它是一种以表现自然地理要素为主体的自然地图集，包括山脉、河流、物产等内容，同时也包含着大量神异怪诞的神话动植物和故事。

2. 早期地图的种类及应用

进入奴隶社会以来，中国有关地图的记载很多，从各方面材料的综合分析来看，自夏商周到春秋战国时代，不仅地图受到很大的重视，而且地图的种类及应用也非常广泛。

从对地图的执掌来看，这时已有许多专门职官掌握各类地图，如大司徒、职方氏、司书、司险等。

《周礼》载："大司徒之职，掌建邦之土地之图，与其人民之烽，以佐王安扰邦国。以天下土地之图，周知九州之地域广轮之数，辨其山林川泽丘陵坟衍原隰之名物，而辨其邦国都鄙之数，制其畿疆而沟封之，设其社稷之壝而树之田主，各以其野之所宜木，遂以名其社之野"（《地官司徒》）；"职方氏掌天下之图，以掌天下之地，辨其邦国、都鄙、四夷、八蛮、七闽、九貉、五戎、六狄之人民，与其财用九谷六畜之数，要周知其利害"（《夏官司马》）；"司险掌九州之图，以周知其山林川泽之险而达其道路"（《夏官司马》）；"司书掌邦之六典，八法八则，九职九正九事，邦中之版，土地之图"（《天官冢宰》）；"土训掌道地图以诏地事"（《地官司徒》）等等。

从地图的类别看，这时除了所谓关于全国"天下之图"外，还有许多专题性地图，如土地物产图、矿产分布图、兆域图、城市规划图、军事地图等。

《周礼》所谓土训之职"道地慝，以辨地物，而原其生，以诏地求，王巡守，则夹王车"的记述，就是说土训掌有的地图属于各地的物产图，因此他在王出巡时随行提供各地物产咨询。《周礼 · 地官》中所说矿人“掌金玉锡石之地而为之厉禁以守之，若以时取之，则物其地图而授之”，则是说绘有矿产分布图。

关于墓葬规划图——兆域图，不仅史书记载了冢人“掌公墓之地，辨其兆域而为之图”（《周礼 · 春官 · 冢人》），而且在考古发现中，已证实了这一类地图的存在。1974 年 11 月至 1978 年 6 月发掘的战国中山国墓葬中，一号墓出土有一幅兆域图，刻于铜板上，长 94 厘米，宽 48 厘米。一面有一对辅首，一面用金镶错线条表示墓域平面图。图上有中宫垣、内宫二道、坟墓五座。图上距离以步和尺表示，比例约为 1∶500。图上并有文字说明和中山王关于建墓的有关诏书内容。①

关于城市规划图，则以周灭商后，决定营建洛邑时的有关记载为早。史载为建洛邑周公曾派召公到伊洛地区（今洛阳）勘测地形，并以地图回报周公，进行占卜决定。《尚书 · 洛诰》曾记这件事的经过说：“召公既相宅，周公往营成周，使来告卜，作《洛诰》。周公拜手稽首曰：‘予惟乙卯，朝至于洛师。我卜河朔黎水，我乃卜涧水东，瀍

---

① 参见《考古学报》，1980 年第 1 期。

水西，惟洛食。我又卜瀍水东，亦惟洛食。伻来，以图献卜'"。

就地图的应用而言，除了将地图作为了解国家政治、经济、民俗、文化等形势的工具外，如上述在城市建设、墓区规划等方面都有应用。同时，在军事上的应用则更为重要。《管子·地图》言"凡兵主者，必先审知地图"，了解各种地理形势，"然后可以行军袭邑，举错知先后，不失地利"。

利用地图判别划分疆界也是常见的事情。《周礼·地官》载："小司徒之职……凡民讼以地比正之，地讼以图正之。"而出土的周厉王时矢（cè）人盘铭文正是一例记述以地图划疆界的事（该铭记述了矢国与散国划界之事）。

矢人盘（又称散氏盘）铭文

此外，兴修水利工程、规划渠道走向也必然要用到地图。

虽然，我们现在还不能准确指出先秦地图的制作方法、特点、具体内容等，但是，从以上有关地图的不同职掌、类别等，不难看出：地图在先秦时期，特别是商周以后春秋战国时代的发展很快，应用非常广泛。

二　汉代地理学的发展

自公元前221年秦始皇统一六国，建立起一个统一的国家，到两汉时代（前206—220），中国古代社会的政治经济文化都取得了突出的成就。古代地理学亦有很大进步，主要表现在地理认识、地理著作等方面。

（一）世界观念的进步

先秦时人关于地球、世界的观念主要有“盖天说”“大小九州说”等。秦汉时期，这些观念仍在一定时期流行，但也出现了新的世界认识论（宇宙观），这就是“浑天说”的盛行。

“浑天说”源于何时，尚难断定，汉代已广为流行却是事实。如西汉时落下闳（hóng）、耿寿昌，东汉张衡都曾制造过以“浑天说”为理论基础的天体模型——浑天仪。关于“浑天说”的主要内容，《晋书·天文志》中是这样记述的：天像一个鸡蛋，地如鸡蛋中的蛋黄而居于天内，天大地小。天的内外都有水。天和地都漂浮在空气中，载水而运行。一周天为 365.25 度，一分为二，一半在地上，一半在地下，所以二十八宿（星座）一半可见一半不可见，天像车轮一样不停地运转。

可见，这种见解比“盖天说”等更接近科学的天地观。第一，它提出了地的球体观念及与天的大小关系（“地如鸡子中黄”“天大而地小”）；第二，又正确指出了天地皆为“悬浮”之物（“乘气而立”）；第三，划分了天体的度；第四，正确解释了二十八宿隐现的原因（以地平线为界，“半覆地上，半绕地下”）。当然，这一见解也有一些明显的不足之处，如：是地转而不是“天转”；天表里并无水，仅大气层中云层成雨；地球非为天的中心等。

（二）张骞“凿空”与对西域地理的认识

秦末汉初，居于我国北方的一支游牧民族——匈奴，利用中原战乱，乘机发展，势力很快达于我国西北及北方广大地区，而且时常威胁汉朝，给西汉王朝造成了极大的政治经济压力。

汉初国势较弱，对匈奴不得不采取“和亲”政策，暂求苟安。到公元前 140 年汉武帝刘彻即位时，西汉国力已极为强盛，为了解决外患，他决心反击匈奴。恰在这时，汉人从俘获的匈奴人口中得知，屡受匈奴迫害而由祁连山下迁到伊犁河流域的大月氏人，“常恨匈奴”，夙有报仇之愿。于是汉武帝便下令招募使者，准备派遣出使西域[①]，联合大月氏共同反击匈奴。

这时，一位曾任皇帝侍从，名叫张骞的人便应募而出，受汉武帝派遣，为完成抗击匈奴的政治使命，率 100 多名随从，开始了中国历史上有明确记载的最早的大规模地理探险旅行活动。

汉武帝建元二年（前 139），张骞一行由匈奴人甘英做向导，从长安（今西安）出发，经陇西（郡治今甘肃临洮县南），进入河西走廊，不料很快被匈奴人发现并俘获。他们被押送到匈奴王庭（今内蒙古呼和浩特市附近），拘禁十多年之久。直到元光六年（前 129），张骞和甘英等人才得以逃脱，继续西行。他们取道天山南麓，经大宛（中亚费尔干纳盆地）、康居（今咸海以东、费尔干纳西北），到达大月氏。这时大月氏已由伊犁河流域迁到了妫（guī）水（今阿姆河流域），那里地理条件优越，物产丰富，他们对远征匈奴已无多大兴趣。因此，张骞在此交涉

① 我国历史上将新疆及其以西地区统称西域，狭义的西域则指新疆地区。

近一年，却始终没能促使大月氏去攻击匈奴，只好决定回汉朝复命。此间，他曾渡过妫水，去大夏国的蓝氏城（今阿富汗瓦齐纳巴德）进行访问。

武帝元朔元年（前 128），张骞一行离开大月氏，踏上归途。他们翻越葱岭（帕米尔高原），沿昆仑山北麓东行，经莎车（今新疆莎车）、于阗（今新疆和田）、鄯善（今新疆若羌）等，进入青海的羌人居住地。不料再次被匈奴俘获，扣押一年多，直到元朔三年（前 126）匈奴内乱，张骞才再次逃脱，回到长安。

这次探险西行，历时 13 年，出去时 100 多人，归来时只有张骞与甘英二人，在政治上也没有达到远交大月氏夹击匈奴的目的。但张骞带回大量丰富的西域新知识，历史上就将这次空前的西域探险，称为张骞“凿空”西域。

此后，张骞还建议并参与过由西南通印度的地理探险，只因重重阻挠，进展不大。元狩四年（前 119），为联系乌孙（今哈萨克斯坦阿拉木图一带），张骞又率众进行了第二次西域探险。这次他顺利到达乌孙，并分派副使去大宛、康居、安息（波斯，今伊朗）等国。他于元鼎二年（前 115）回到长安，次年（前 114）卒于长安，归葬故里汉中城固（今陕西城固县）。此后，他所派出的副使也都陆续回到汉朝。

张骞 20 多年的探险活动，对当时人们认识西域地理、扩大地理视野起到了很大的作用。先秦时代，对于西北地区的地理认识主要还限于甘肃河湟地区以东，到秦末汉初因受匈奴的威逼，对河西走廊及其以西的地理认识仍然比较模糊。直到张骞出使西域，才带回了对这一地区的新知识，使汉朝人对当时西域中亚一带情况的认识，远远超过此前对西方地理的认识界限。因此，史称他的活动为“凿空”西域，是有道理的。

汉代，在我国新疆地区及葱岭以西广大中亚地区有许多大大小小的国家。张骞第一次出使西域就亲自访问了大宛、康居、大月氏、大夏等国，经历了焉耆（今新疆焉耆）、龟兹（qiū cí）（今新疆库车）、疏勒（今新疆喀什）、于阗（今新疆和田）等，并从传闻中了解到中亚地区的乌孙、奄蔡（今里海、咸海北）、安息、条支（大食，今伊拉克）、身毒（今印度）等地的情况，又了解了各国的相互地理位置、生活方式、自然地理状况等。如他已了解到：以大宛为中心，“乌孙在大宛东北可二千里”；“康居在大宛西北可二千里”；“大夏在大宛西南二千余里，妫水南”等。条支的气候“暑湿”（温暖湿润）；“于阗之西，水皆西流，注西海；其东水东流，注盐泽（今罗布泊）”。

大宛、安息、大夏等国“其俗土著，耕田，田稻麦，有蒲萄酒”（《史记·大宛列传》）等。

张骞出使西域所带回的新知识及由此得到的荣誉，极大地刺激了后来的探险活动与汉王朝对西域的开拓，更进一步加深了汉代对西域地理的认识。史称，张骞出使西域后，皇帝也屡询西域情况，鼓励去西域探险，一时“使者相望于道，一岁中多至十余辈”（《汉书·西域传》），“一辈大者数百，少者百余人”（《汉书·张骞传》）。贯通中亚的“丝绸之路”也由此大规模打开。到东汉时，不仅在西域派驻有“西域长史”（如班超等），而且甘英还曾为联系大秦（罗马），由中亚抵达地中海东岸。这些都极大地充实了当时人们对西方世界的地理认识。

总之，由张骞开创的西域地理认识，是中国现存文献第一次对西域中亚，以至地中海东岸的世界较为正确的地理记述。它使中国人民对西方世界地理的认识界限，一下子由河湟沙漠地带，推进到地中海东岸广大中亚地区。

（三）司马迁的全国漫游考察

司马迁（约前145—约前90），今陕西韩城人，著名的历史著作《史记》的作者。他不仅是一位伟大的历史学家，而且是一位著名的旅行家、地理学家。从《史记》中可以看出，他曾游历过全国很多地方，写出了如《河渠书》《货殖列传》《大宛列传》等优秀的地理篇章，不仅正确反映了当时人们的地理认识水平，也反映了他的一些地理思想。

司马迁

司马迁的旅游考察大致是从 20 岁时（前 126）开始的。第一次他就游历了长江中下游及山东等广大地区。武帝元鼎元年（前 116），他做了郎中官（皇帝侍从，侍卫），此后随汉武帝几次出游考察：元鼎四年（前 113）十月，他随武帝祭雍州（今陕西凤翔），巡河东，渡黄河至汾阴（今山西万荣），最后至洛阳。这次大致游历了关中北部，最后由韩城龙门过黄河至山西，再转而西南去洛阳，返回长安。

元鼎五年（前112），司马迁随汉武帝“行幸雍，祀五帝”后，向西巡游，越过陇山（今甘肃平凉西），直至祖厉河，然后由此经甘泉（今陕西淳化）回到长安。不久，他又“奉使西征巴蜀以南”，大致到了云贵高原一带，于元封元年（前110）始回到长安。接着又去洛阳探视父病，然后由洛阳去泰山参加汉武帝的封禅大典（《史记·封禅书》）。封禅后又随武帝东巡海上，北至碣石（今河北昌黎），经辽西（今河北卢龙县东），历北边至九原（今内蒙古包头市西），转而向南沿秦直道回长安，“周行一万八千里”。元封三年（前108），司马迁继承父职为太史令，从此结束了近二十年的漫游生活。他的足迹遍布了全国广大地区，正如他自己所说“余尚西至空桐（今甘肃平凉崆峒山），北过涿鹿，东渐于海，南浮于江淮矣”（《史记·五帝本纪》）。通过对《史记》有关地理内容的研究，我们可以看出当时司马迁已具有一些较科学的地理认识。

1. 认识到地理因素在安邦立国中具有重要的作用

司马迁《史记·六国年表序》中说：“秦始小国僻远，诸夏宾之，比于戎翟，至献公之后常雄诸侯。论秦之德义不如鲁卫之暴戾者，量秦之兵不如三晋之强也，然卒并天下，非必险固便形势利也，盖若天所助焉。”指出秦为僻远小国，德义不长，兵力不强，而能兼并统一天下，其得天独厚的地理条件是一个重要因素。司马迁进而又说：“或曰‘东方物始所生，西方物之成熟’。作事者必于东南，收功实者常于西北。故禹兴于西羌，汤起于亳，周之王也以丰镐伐殷，秦之帝用雍州兴，汉之兴自蜀汉。”这又用当时社会发展的现象——兴兵于他处，而立国必于秦地（关中）——来说明地理因素在建国立业中的重要性。可见，当时他对地理环境条件在军国大事上的重要作用，认识非常清楚。

2. 强调人地关系中人的主导作用

司马迁在记述各地经济发展状况时，注意到各地经济地理条件的优劣，未必与社会经济发展水平相适应的情况，并正确分析指出了人在这里的主导作用。如曰：

> 楚、越之地，地广人稀，饭稻羹鱼，或火耕而水耨，果隋蠃蛤，不待贾而足，地势饶食，无饥谨之患，以故呰窳（yǔ）偷生，无积聚而多贫。是故江淮以南，无冻饿之人，亦无千金之家。沂、泗水以北，宜五谷、桑麻、六畜，地小人众，数被水旱之害，民好畜藏，故秦、夏、梁、鲁好农而重民。三河、宛、陈亦然，加以

商贾。齐、赵设智巧，仰机利。燕、代田畜而事蚕。

指出：南方“无积聚而多贫”的原因在于，南方自然地理条件优越，人们仅依靠自然，就能自给自足，维持最低的温饱，因此不注重利用自然条件，积极发展生产，获取更多收入。所以，造成“无冻饿之人，亦无千金之家”的局面。而北方虽然自然地理条件极差，又常遭水灾旱灾，但各地人民却都能积极从事各种生产活动，发展生产，加强贸易，反倒成为富庶之地。这明确地表明了司马迁关于人在人地关系中具有主导作用的这一正确思想。

也正是基于此，司马迁在《史记》中，将人工改造自然条件的实践活动大加记述。如兴修水利，他不仅记述了当时和前代著名的大型水利工程，如郑国渠、都江堰等，而且网收天下治水兴利的其他材料，专门写成一篇《河渠书》加以记录。

3. 地域差异思想

司马迁在对全国社会经济、地理的观察分析中，依据自然地理特征、气候条件、物产、人文状况等划分全国为四大自然经济区。即：关中、齐（今山东）、楚越（江南）、三河（华北大部）。如《货殖列传》所述：

> 关中自汧（qiān）、雍以东至河、华，膏壤沃野千里……因以汉都，长安诸陵，四方辐辏，并至而会，地小人众，故其民益玩巧而事末也……天水、陇西、北地、上郡与关中同俗，然西有羌中之利，北有戎翟之畜，畜牧为天下饶。然地亦穷险，唯京师要其道。故关中之地，于天下三分之一，而人众不过什三，然量其富，什居其六。……齐带山海，膏壤千里，宜桑麻，人民多文采布帛鱼盐。临淄亦海岱之间一都会也。其俗宽缓阔达，而足智，好议论，地重，难动摇，怯于众斗，勇于持刺，故多劫人者，大国之风也。其中具五民。……

这些分区，无论从分区原则还是区划内容上，都是比较科学的，符合当时的实际情况。这充分表明当时司马迁不仅具有明确的地域差异思想，而且比较正确地把握了各地自然差异的主要特点。

（四）“地理志”的出现

“地理”一词，在我国出现很早。先秦时的《周易·系辞》中就有“仰以观于天文，俯以察于地理”的话，而且明确指出地理是指山川等大地方面的知识。如唐代孔颖达在注释它时所说的：“地有山川原隰，各有条理，故称理也。”但是，我国以“地理”命名的著作却出现较晚。从先秦的《禹贡》《山经》等著作，到西汉的《史记·大宛列传》《史记·货殖列传》等优秀地理篇章，虽然都是地理方面的著作，却都不以“地理”命名，直到东汉班固撰写《汉书》时，才第一次使用“地理”一词作为有关地理篇章的标题，即《汉书·地理志》。

《汉书·地理志》的内容可分为三部分。第一部分转录《禹贡》及《周礼·职方》全文，作为讲述汉代以前疆域沿革的资料；第三部分转录刘向的《域分》、朱赣的《风俗》，其内容主要是讲分野和历史情况，地理意义不大。《地理志》的重点在记述汉代地理的第二部分。第二部分以汉平帝元始二年（2）的全国行政区划为纲（计103个郡、国和所辖的1587个县、道、邑、侯国），记述汉代郡县的设置、沿革，以及与域外一些国家地区的交通往来情况。在内容上，郡国一级除记述行政区的设置沿革外，还包括户口、所辖县、邑、道或侯国；县一级包括设置沿革、物产、宫祠、山川、泽薮、古迹、水利、关塞等。

《汉书·郊祀志》曾说："山川，地理也。"但从《汉书·地理志》的内容来看，它还不能算作是一部真正的地理著作。它是以郡县行政沿革为主要内容，地理方面的内容只是作为一项附录项目记述。据统计，《汉书·地理志》涉及自然地理方面的记述有134座山、285条水、20处湖泊、7处池，其他江河水体29处。此外还记有涉及62郡的112个盐、铁、铜等矿物产地。但是，这些记述除极少的河流简单讲到它的源地、流经之地外，大多数都是只提一句有某水。所以，这样的地理内容相对于大量有关政区沿革、名胜古迹等人文内容的，就显得非常简略。

不过，《汉书·地理志》作为中国最早一部以"地理"命名的著作，"地理"一词也是由此被作为一门学问的名词术语而正式确认的。特别是自《汉书·地理志》以后，中国历代的官修史书中，绝大多数都辟有"地理志"一章，记述各朝郡县疆域及山川状况（24部"正史"中，16部有地理志），它们都是依据《汉书·地理志》的范式写作的。尤其是唐代以后编修的历代地理总志，如唐《元和郡县图志》、宋《太平寰宇记》《元丰九域志》，以及元、明、清各代的《大一统志》等，也都是在《汉书·地理志》所开创的写作体例的基础上发展的。这些最终形成了中国古代地理学中最主要的以重视疆域政区沿革变化为特点的“沿革地理学”体系。

因此，《汉书·地理志》的出现，可以说是标志着中国古代地理学深入发展的一个转折，它开创了沿革地理的先河，使中国古代地理学的发展方向主要趋向沿革地理。

（五）自然地理规律的探讨

秦汉时期，对自然地理知识认识的发展，除了表现在对域外知识的增长和对国内一些地理现象的深入观察、描述外，还表现在对一些自然地理规律的探讨上。

1. 梅雨与季风的认识

一般认为中国关于梅雨现象记载的书，是东汉崔寔写的《农家谚》，但查《后汉书》崔寔并未写此书，当为后人伪作。不过东汉应劭《风俗通义》中，却有记载：“五月落梅风，江淮以为信风。又有霖霪，号为梅雨，沾衣服皆败黦。”[①] 由此可见，至少东汉时，人们就已对梅雨的特征、来临时间都有了认识，而且给予正式命名。

中国是一个季风特征明显的国家，关于季风的认

① 《汉魏丛书》本，吴树平校释：《风俗通义·校释》。

识，至少在秦汉时已有了比较正确的看法。《史记·律书》云：

> 不周风居西北，十月也；广莫风居北方，十一月也；条风居东北，正月也；明庶风居东方，二月也；清明风居东南维，四月也；景风居南方，五月也；凉风居西南维，六月也；阊阖风居西方，九月也。

可以看出，这里试图用不同方向的风来配十二个月，大致可见：冬季吹偏北风，春季吹偏东风，夏季吹偏南风，秋季吹偏西风这一中国东部季风规律。

《淮南子·天文训》指出：距冬至45天条风至，距立春45天明庶风至，距春分45天清明风至，距立夏45天景风至，距夏至45天凉风至，距立秋45天阊阖风至，距秋分45天不周风至，距立冬45天广莫风至。这是以方位风对应气候（节气）中的八节。据实际研究，这也符合中国东部地区的季风转换情况。

同时，对于气候的其他要素的认识以及中国气候特征、变化规律的认识，这时也取得了很大进步。这主要表现在历法的修订上，如西汉的太初历已具备了气朔、闰法、五星交食周期等内容。首次提出了没有中气（雨水、春分、谷雨等十三节气）的月份为闰月的原则，把季节和月份关系调整得十分合理，这一方法至今仍在农历（夏历）中沿用。第一次提出了135个朔望月中有23个食季的食周概念。此后的东汉四分历，又前进了一步。如测得黄赤交角数值达到很高精度，又增加了二十四节气昏旦中星、昼夜刻和晷影长度等内容。东汉末的乾象历更是先进，为后世所长久使用。①

2. 水性的观察研究

在中国有关水利记述的史书中，可以说，只有到了汉代，才对各地水系有了比较具体的系统记述。

在《史记·河渠书》和《汉书·沟洫志》中，都有记述全国水系、人工渠道的专篇。秦汉时期大规模兴修水利，带动了研究水系演变的发展。当时不仅较前期深入地探讨了多种水文要素在河道变化中的作用，而且探讨了历史水系的状况。

《汉书·沟洫志》载，西汉河水泛滥，治河者颇多，争言治术。于是“常欲求索九河故道而穿之”，开始了中

① 杜石然等:《中国科学技术史稿》（上），第174—176页，科学出版社，1985年。

国历史上联系治黄河而探索故道的研究。

汉代关于禹河故道所在及变化，已有几种说法对后世产生影响。其中特别是王横已引用史料推断黄河的改道。其曰:“《周谱》云定王五年（前602）河徙，则今所行非禹之所穿也。”他还结合地形分析，推论:“禹之行河水，本随西山下东北去。”(《汉书 · 沟洫志》) 他采取的方法和所得的结论，至今还被学术界采用。

当时因兴修水利，已测得河流的一些含沙量。如泾水“泾水一石，其泥数斗”，黄河“号为一石水而六斗泥”(《汉书 · 沟洫志》)。特别是黄河泥沙量，与黄河中游小浪底水文站多年实测的最大含沙量相近[①]，大致正确反映了黄河的泥沙含量状况，所以常被后人引用。

王莽时（9—23），张戎从水动力学观点探讨了泥沙运动与水力的问题。他说：

> 水性就下，行疾则自刮除成空而稍深。河（黄河）水重浊，号为一石水而六斗泥。今西方

---

① 据张瑞瑾《我国水利建设中的水文工作》一文；一石水六斗泥折合为今 700kg/m³，小浪底最大 783kg/m³。见《中国科学》，1975 年第 1 期。

> 诸郡，以至京师（西安）东行，民皆引河、渭、山川水溉田。春夏干燥，少水时也，故使河流迟，贮淤而稍浅；雨多水暴至，则溢决。（《汉书·沟洫志》）

他已正确认识到河流冲沙搬运能力与流速成正比的关系（“行疾则自刮除成空而稍深”），而流速又与流量成正比的关系（“少水时，故使河流迟”）。

这一观点，也成为后来明代潘季驯“筑堤束水、以水攻沙”治河方法的重要理论基础。

汉代关于河流，还有一些新的见解和记述。如：“河出昆仑墟，色白，所渠并千七百一川，色黄。”（《尔雅·释水》）指出河水是在源地以下因接纳支流才变浑浊的。

《淮南子·天文训》所谓“地不满东南，水潦尘埃归焉”，也符合我们的地形大势和水文特征。即河流多源于西北，所挟带泥沙的主要流向和归宿却是东部。

3. 潮汐成因的探讨

海洋活动，使海岸有潮流产生，西汉时已对其变化规律有了比较准确的了解。已知潮汐不仅有日内变化和月内变化，而且已知道有年内变化，且一年中，八月十五日的

潮最大。（枚乘《七发》）

而关于潮汐的成因，也有了比较正确的认识。东汉王充就正确解释了潮之成因，他说："涛之起也，随月盛衰，小大满损不齐同。"阐述了潮汐运动和月亮运动的同步性。

虽然史书没有留下他从事验潮工作和制作潮汐表的文字，但他的理论及结论却是比较科学的。

在此基础上，关于怒涛的产生原因，王充也进行了论述，认为地形狭浅是主要原因。他说，河入江海时，"殆小浅狭，水激沸起，故腾为涛"，"大江浩洋，曲江有涛，竟以隘狭也"，"溪谷之深，流者安洋，浅多沙泥，激扬为濑，夫涛濑，一也"（《论衡·书虚》），这也具有一定的科学性。

此外，秦汉时期在自然地理方面许多具体问题上也有比较深入的见解。如雷、雨、云的本质及形成等。

（六）汉代地图特色

有关秦汉地图的文献记载很多，但由于战乱和年代久远，并没有实物留传下来供人们观摩研究。因此，过去一般传统说法，认为在晋代裴秀建立制图"六体"理论前，中国古代的制图技术（科学水平）尚不高。但是近年的考古发现，却大大推翻了这一观点，证明汉代制图技术水平非常高超、精湛，可以说是当时世界最高水平。1973 年冬至 1974 年春，湖南长沙马王堆三号汉墓出土的三幅地图很具代表性。

从墓中随葬木牍上所记“十二年二月乙巳朔戊辰”字样等，可断定这些图是在汉文帝初元十二年（前 168）下葬的，即这些地图距今已近 2200 年。

三幅图按一定比例、方位，详细描绘西汉长沙国南部（今湖南、广东、广西交界处的广西全州、灌阳一线以东；湖南新田、广东连州一线以西，北至新田、全州以南，南到广东珠江口外的南海），亦即今湘江上游第一大支流潇水流域、南岭、九嶷山及其附近地区，在东经 110°—112°30′，北纬 23°—26° 之间。

1.《地形图》

全名：“西汉初期长沙国深平防区地形图”，该图原绘于绢上，为一彩色图，长 96 厘米，宽 96 厘米，图原未有名称（今名为整理者所命）及比例、年代。其制作年代（前 168 年以前）、范图等，皆为后人研究所确定。

根据该图绘制面积，测算出其比例在 1∶17 万至 1∶18 万之间。

该图包括了现代地图的四大基本要素。即：自然地理方面的河流、山脉；社会经济方面的居民地、交通网，比较接近现代地图制作的基本要素。在地物要素表示上，也很有科学性。

水系作为突出要素详细表示　该图共有30多条河流，按水系方向由细到粗均匀变化。如潇水就是由上游的0.1毫米粗向下游逐渐变粗为0.8毫米。在大多数河流旁边都标有水名，如泠水等。个别尚标有“源”字，以示其源头所在。

地貌采取闭合曲线表示　用等高曲线表示地貌乃是19世纪初在西欧兴起的科学方法。中国古代传统是以“人”字形图式表示地貌山峰，而这幅图却是以立体投影的闭合曲线表示山谷、山体及其走向，而且位置准确。

居民地采用不同等级的符号表示　这幅图共记有80多个居民地，分县（8个）、乡（74个）两级，县城采用矩形符号，乡用圈形符号。另在同级符号中，按人口多少、地位主次，符号大小亦略有差别。如营浦县（今道县）要比南平县（今蓝山县）的矩形符号大3—4倍。

道路采用虚实两种曲线表示　图上共载有约30多条道路，其中县城和一些乡里道路用实线相连，一些乡间路用虚线表示。这种处理与现在图面处理基本一致，即以实线表示大（主）道，以虚线表示小（次）道。

2.《驻军图》

该图全长 98 厘米，宽 78 厘米，采用黑、红、青三色绘成。图上方标有“南”，左方标有“东”字，与《地形图》一样，都是上南下北的布置。图主体为大深水流域（湖南江华瑶族自治县的潇水流域），方圆约 500 千米，位于同期出土的地形图之左方稍偏上的位置。

该图基本内容除一般表示山脉、河流等普通地图要素外，还突出了 9 支驻军名称、布防位置和防区界线、指挥城堡、军事要塞、烽燧点、防火水池等军事地形要素。

在绘制方法上，《驻军图》也表现了突出的进步性。

由于它是一幅以军事活动内容为主题的地图，因此，在表示上，除了《地形图》的基本方法外，更注意了专题地图（军事地图）的特殊表现方法，具有很强的科学性。第一，它是一幅黑、红、青三色的彩色地图，它将军事要素用朱红色突出地表示于第一层平面上；河流、居民点用田青色或黑色绘制，处于第二层平面上。第二，军事符号的设计具有相当的科学性和象征性：指挥部用黑红双色的三角形城堡式符号；防区界线用朱红色实线（现代军用地图用红色间断线加点表示）；前沿哨所用朱红三角符号（现代观察哨用红色空心三角符号）；道路用红色虚线表示。第三，难以用符号表示的要素，用文字说明。如一些重要隘口、关卡，不用符号，却标一“鄣”（即“障”）字；居民户数的多少、有无亦注于相应符号旁。第四，战术思想标绘清晰明确。军事图的重要处就在于表达指挥员的思想，《驻军图》对此表达极清楚，通过图上内容，我们可以看出当时的守备作战思想，其主要特点是“多线式部署兵力；重视组织指挥和利用地形条件”。

3.《城邑图》

长 45 厘米，宽 40 厘米。所绘城邑略呈四方形，类似北方的四合院式建筑。图上标出了城垣的范围、城门堡、城墙上的楼阁、城区道路等。城内街道宽窄有别，区分为主次二级；宫殿、城堡等均以象形符号表示。

它与现代城市游览图相比，在内容上除表示街区外，还表示了主要建筑物（用象形符号），在形式上则几乎完全一致。

关于这幅城邑图为哪一城的图，目前尚不清楚。不过，它是中国目前所知最早的城市平面图，比苏州的平江图［即苏州城，宋绍定二年（1229）上石］早 800 年，比清代绘于布上的《拉萨图》（长 98 厘米，宽 188 厘米，存中国国家博物馆）早 2000 多年。

总之，从这些地图中，我们可以看出，当时不仅测绘技术已达到相当水平，而且在地图绘制上已有很高水平。即在地图符号的设计运用上，既注意了形象化，又注意合理的问题，许多符号设计与近代、现代地图所用符号相同。特别是在地图内容表达上，能够运用符号、颜色、注记等方法，比较准确地反映一定区域的人文地理、自然地理状况。[①]

① 有关马王堆古地图的原始资料参见《文物》1975 年第 2 期、1976 年第 1 期相关报告。

第二章

制图六体与《水经注》

——魏晋南北朝时期的地理学成就

魏晋南北朝时期（220—581）是我国历史上一个政局动荡、政权频繁更迭的混乱时期，但地理学却取得了突出的成就。其中最典型的就是裴秀关于我国系统的地图制作理论——制图六体的建立与大规模记述全国地理情况的地理著作——郦道元《水经注》的出现。

一　裴秀的地图制作理论

地图是地理学的特殊语言，最能直接、明确地表现各种地理认识和地理要素。因此，我国人民很早就开始利用地图。1986 年在甘肃省天水放马滩发现的木板地图，就是一幅距今 2000 多年的战国末期秦国的区域地图。1973—1974 年在湖南长沙马王堆汉墓所出土的三幅西汉帛画地图（西汉初期长沙国深平防区地形图、驻军图、城邑图），比较准确地表现了所绘地区的地理形势（山川、道路、居民点等）。但是，由于这些地图还缺乏统一的制图理论和方法，不可避免地要出现制作上的误差。如《地形图》的比例尺大小，从该图绘制面积来测量，大致为 1∶17 万至 1∶18 万之间，表现在地图上就是中心部分绘制较准确，周边地区误差较大，比例不统一。

如何提高地图的准确表现力，制订一套比较科学的地图制作原则，不仅是一般的绘制地图的技术问题，也是有关地理认识的重要问题。从史书记载来看，我国最早进行地图制作理论总结，并提出一套制图方法论的人，是晋朝裴秀。

（一）裴秀

裴秀（224—271），字秀彦，魏晋时河东闻喜（今山西闻喜）人。出身于士族家庭，自幼聪颖好学，曾随司马昭出兵淮南，收集了许多地图资料。后任司空等官时，又接触到国家收藏的地图等资料，为他建立地图理论打下了良好的基础。同时，鉴于当时战乱后，全国地图散失较多，而古代旧地图也因地名变迁注解不一，或者制作粗糙，不便于使用。于是，他便考释《禹贡》中的山川等记述，以及九州与当时十六州的变化，主持编绘了《禹贡地域图》十八幅，又缩绘了汉代的全国地图为《地形方丈图》。

正是在这种对地图的广泛了解和制作实践中，他逐渐总结经验，建立起一套地图制作的理论原则——制图六体。

（二）制图六体

制图六体即绘制地图所必须遵循的六条原则，其内容包括：分率、准望、道里、高下、方邪（斜）、迂直六个要素。

分率即比例尺；准望为方位（是指以互相垂直的线条在图纸上画满符合一定要求的方格，这样既能表示缩小的比例，又便于确定方位。这种方法称为“计里画方”）；道里是指距离；高下、方邪、迂直是指对曲折变化的复杂地理要素的处理方法，即高取下，方取邪，迂取直。

关于这六条原则在地图绘制中的作用及意义，裴秀也进行了深入的论述。他说绘制地图的法则有六条，第一叫分率，也就是比例尺，是用来区别地域面积大小的；第二称准望，是用以确定彼此间方位的；第三是道里，是用以确定路程远近的；第四是高低；第五是方邪；第六是迂（曲）直。这后三条要因地制宜，用来校正由于地形起伏、方向偏差和迂回弯曲所引起的误差。地图上如果只有图形而无比例尺，就不能判断距离的远近；有比例尺而没有方位，虽然某一处正确，但其他地方又必然会产生误差；有方位而没有道路里程，在山海隔绝的地方就不能相互通达；有了道路里程而没有地表高低、方向方位、道路迂直的校正，则图上量算的里程必然和实际不符，方位也就不正确了。用这六条制图法则，互相参照、订正，然后，图上距离的远近决定于比例尺，彼此间的方向位置决定于方位，道路的距离决定于里程，实际的距离应通过订正高下、方邪、迂直量算出来。所以，虽然有高山大海的阻隔，绝险远方之地，以及高低不平崎岖等情况，都可以在地图上正确表现出来。只要订正了方位，曲直远近就很容易显示出来了。

裴秀的制图理论中，除没有提到今天地图中的投影和经纬度之外，其他主要问题（比例尺、方位、高差、距离等）都已明确提出。更重要的是，由裴秀所建立的这一套地图制作理论和方法，一直影响着中国古代地图理论和实践的发展，形成以“计里画方”为主要特征的地图学体系。如北宋沈括就曾在裴秀 800 年后修订过这一制图理论，提出了分率、准望、牙融（指拼图的原则方法）、傍验（指校验）、高下、方邪、迂直的制图七原则。中国历史上一些著名的地图都深受这一原则的影响，如唐贾耽的《海内华夷图》、北宋沈括的《九令图》、绍兴七年（1137）上石的《禹迹图》（保存在今西安碑林）、元朱思本的《舆地图》、明罗洪先的《广舆图》等，清末的许多地图在使用经纬线的同时，还使用计里画方之法。所以，裴秀制图六体的提出，是中国传统地图学发展的一个飞跃，在中国地图学史上具有划时代的意义。

二　郦道元的《水经注》

北魏时期，出现了一部宏大的地理著作，它的出现给中国后来的地学和史学发展都带来了深刻的影响，被清代地理学家刘献廷誉为“宇宙未有之奇书”[①]。这部书就是郦道元的《水经注》。

郦道元（446？—527），字善长，北魏范阳涿鹿（今河北涿州）人。他少年时就喜欢读书和外出游览，对地理书籍和山川名胜极有兴趣。成年后，曾做过多年地方官，足迹几乎遍及长城以南、淮河以北广大地区。他到过平城（今山西大同），观看过白道城（今呼和浩特市北）附近的阴山脚下的流泉，在比阳（今河南泌阳）考察过水系，在鲁阳（今河南鲁山）考察过汝水上源。安徽寿县八公山、山东半岛也都留下他的足迹。他每到一地除注意地理考察外，还特别重视向当地居民询问了解各地的历史地理情况。

《水经注》就是郦道元在大量史料和实际考察基础上写成的一部巨著。北魏延兴二年（527），郦道元被任命为关右大使，在赴任的路上，被叛将雍州刺史萧宝寅派兵杀害在阴盘驿亭（今陕西西安市临潼区）。

（一）《水经注》的内容

据传三国时代有一部简略的水道著作《水经》，记述了全国137条主要河流。因其记述内容比较简单，郦

---

① 《广阳杂记》卷四。

道元决定注解、扩大它的内容。遂征引四百多种文献资料，加上自己的考察而撰写成《水经注》一书，计四十卷，三十多万字（其中五卷在宋代已佚失，现在所见四十卷本为后人分析其他各卷而成）。这样，《水经注》一书在名义上就是为《水经》作注，在形式上采取了以《水经》内容为纲，分列单句注释的方式，即《水经》之语成为书中的"经文"，每句"经文"下的注释考证等内容便是"注文"。同时在叙述上也略微区别：凡水道流经之地，"经文"用"过"，只举大都会之名；而"注文"则用"迳"，且采录大小城乡郡邑繁多之名；"经文"的郡县之名只为当时（三国时代）地名，而"注文"则兼及沿革变迁。不过，尽管书中"经""注"有如此形式上的差别，但从整个体系上看，"经""注"却是浑然一体："经文"犹如大纲提携，"注文"正如众目附系，成为一部独立完整的地理著作。在具体记述内容上，《水经注》主要是以水（河流）为纲，记述河流的发源、流经、汇入，兼及河流的水文、变迁等情况，以及大量地貌、植被、土壤、物产、人口、交通、风俗、政区沿革、历史掌故等方面的丰富内容。总之，《水经注》不仅是水道记述，而且几乎涉及了当时社会及地理知识的各个方面，是一部包括自然地理、人文地理、历史沿革地理等内容的综合性地理著作。

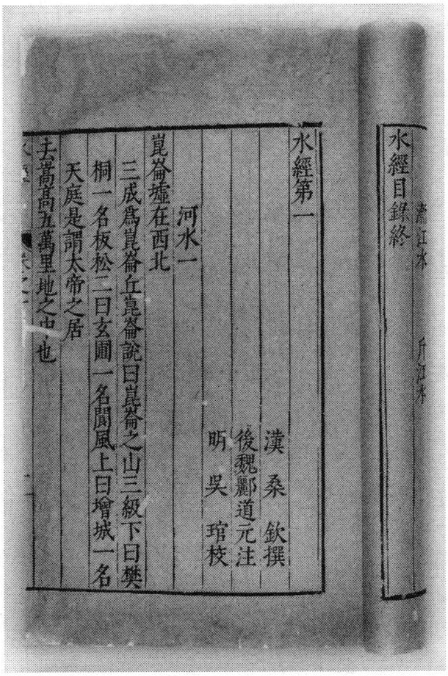
水經目錄終

水經第一
漢 桑 欽撰
後魏酈道元注
明 吳 琯校
河水一
崑崙墟在西北
三成爲崑崙丘崑崙說曰崑崙之山三級下曰樊
桐一名板松二曰玄圃一名閬風上曰增城一名
天庭是謂太帝之居
去嵩高五萬里地之中也

《水经注》书影

（二）《水经注》在地理学史上的地位

（1）《水经注》虽然是中国 6 世纪时的一部地理著作，但它所包含的丰富的地理内容，是古代地理著作中空前绝后的。

就《水经注》的记述范围来说，它记述了北自安州（今河北隆化），南至日南郡（今越南中部），东至海，西达印度这一广大地区的河流及人文地理情况。主要包括了中国的滦河、海河、黄河、山东半岛诸河、淮河、长江、珠江、塔里木河、元江（红河），以及印度河、恒河等流域的1252条河流。据统计，现存的《水经注》残本记载的湖泊至少有560个、瀑布60多处、温泉20多处，总记湖泊、陂泽、河渠水道等水体2596个。估计原书记载至少在3000个以上。这样宏大的内容，在中国古代地理著作中可以说是空前绝后的。例如，清初黄宗羲的《今水经》，所记河流仅304条。清中叶齐召南的《水道提纲》虽然记载河流达8600多条，但它是包括了清代比北魏更广大地域的水系。而就《水经注》与《水道提纲》都记述的渭河水系来看，《水经注》记述直接入渭的一级支流就有105条，而《水道提纲》只有38条。因此，就水文地理资料而言，《水经注》的记述确实在我国古代地理著作中是无可比拟的。况且它在水系之外，还包括了丰富的其他自然地理（地形、气候、土壤等）、人文地理、历史地理等内容，这也是古代地理著作中少有的。

（2）由于《水经注》援引了众多的古代典籍史料，加之其内容丰富，所以它一出现就引起了史地学界的极大关注，并对后代的舆地学和历史地理研究产生很大影响。从唐代李吉甫撰写全国地理总志《元和郡县图志》，到后来杜佑的《通典》、宋代郑樵的《通志》等，都不断引用《水经注》的内容以编订地理志书。明清学者著地志，更是引用不疲，视之为圣经贤传。就是近代历史地理学者复原考论古代地理情况，也仍然以《水经注》为重要依据。特别是后人还仿《水经注》体例撰写地理著作，形成我国古代地理著作著述中一种独特的写作体裁。

（3）形成了专门从事《水经注》研究的“郦学”学派。《水经注》出现不久，史学界就对它本身的刊印、文字校理给以极大关注。从宋代至明清竟在学术界形成一个以校注整理《水经注》文字为主的“郦学”学派。如戴震、赵一清、杨守敬等。至今专治《水经注》的仍然代不乏人，而且兴起从地理学角度去研究、分析《水经注》各项地理内容的新趋势，进一步丰富了“郦学”的研究内容。

三　法显与外国地理认识

法显（334—420），原姓龚，平阳郡武阳（今山西襄垣）人，东晋时代的著名高僧和佛经翻译家。

佛教自东汉传入中国后，不仅有许多印度僧人、佛徒来到中国进行佛教宣传，而且，中国也有不少信徒前往印度，亲自在佛教发源地学习佛学。东晋安帝隆安三年（399），法显以65岁高龄，与一些同行者也开始了前往印度寻求佛法的旅行活动。他们从长安（今西安）出发，经今西宁，翻越祁连山，进入河西走廊，经敦煌、鄯善（今新疆若羌）、乌夷（今新疆焉耆）、于阗（今新疆和田），西越葱岭（今帕米尔高原），周游印度的北、西及东部。此后沿印度半岛东海岸下至印度南部，经师子国（锡兰岛）、耶婆提（今苏门答腊），绕行南海、东海，到山东半岛登陆。前后历时 13 年又 4 个月，一路上历尽千辛万苦，同行的人，中途逃离的逃离，死亡的死亡，只有法显一人回到祖国。他是中国最早遍游印度并由海路回国的人。回国后，他以自己亲身经历写成《佛国记》（又称《法显传》或《历游天竺记传》）一书。《佛国记》以其优美简洁的文字记述了中亚和印度等地的地理、风俗人情、历史、佛教等情况，其中有许多关于当时域外地理的新认识、新记录。

如关于于阗、葱岭至北印度一带的地理描述，法显在《佛国记》中写道：

> 自葱岭已（以）前（指今新疆和田一带），草木果实皆异，唯竹及安石留、甘蔗三物与汉地同耳。从此西行向北天竺（印度北部地区），在道一月，得度葱岭。葱岭冬夏有雪……彼土人，人即名为雪山人也。度岭已，到北天竺。始入其境……顺岭西南行十五日，其道艰岨（阻），崖岸险绝，其山唯石，壁立千仞，临之目眩，欲

进则投足无所。下有水，名新头河（即印度河）……河两岸相去减（即不足）八十步，九译所记，汉之张骞、甘英皆不至。

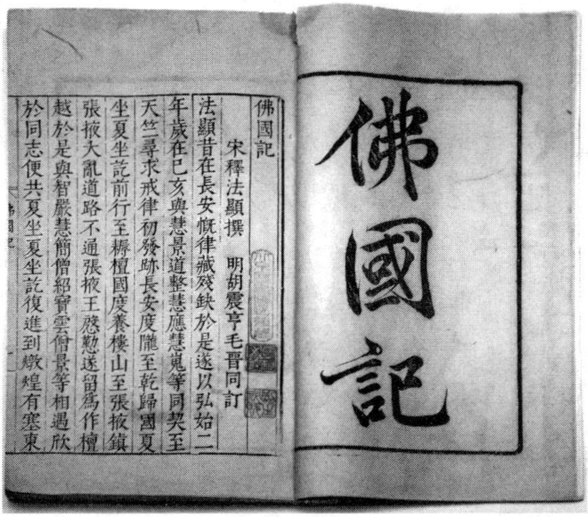

《佛国记》

这一段比较详细地记述了帕米尔高原及印度河上游地区的地理形势、河流、物产等知识。再如关于锡兰岛（今斯里兰卡，当时为师子国）的认识和记述，说：

其国本在洲上，东西五十由延（由延，当时印度的距离单位），南北三十由延；左右小洲，乃有百数，其间相去或十里、二十里，或二百

> 里，皆统属大洲。多出珍宝珠玑，有出摩尼珠地方，方可（约）十里，王使人守护，若有采者，十分取三。……其国和适，无冬夏之异，草木常茂，田种随人，无有时节。

这一段文字准确描述了锡兰岛与周围的岛屿分布，以及岛上的气候特点、景观状况和农业生产习俗，给人以清晰的热带国家印象。关于印度河流域的地形大势，法显也有认识和记述，他写道：

> 新头河，两岸皆平地……自新头河至南天竺（印度南部），迄于南海，四五万里，皆平坦无大山川。

不过，这里的四五万里显然有些夸大，“无大山川”也不尽符合事实。

但无论如何，法显的这次旅行和带回的地理见闻，丰富了当时中国对中亚、南亚地区的地理认识，尤其是保存至今的他的这本游记（《法显传》），更是中国，甚至是世界上最古老的游记之一。

第三章

一行的子午线测量与沈括的地理思想

——唐宋时期的地理学成就

唐宋时期（包括隋代，581—1271）是我国地理学认识和传统地理著作的一个重要发展时期。无论是一些地理学认识，还是地理著作的数量、体例上，都有了长足的发展，取得重要的成就。

一　玄奘与《大唐西域记》

在我国，《西游记》的故事几乎家喻户晓，人们都知道有一位唐代高僧——唐僧，为了去西天取经，在孙悟空、猪八戒、沙僧、白龙马等的帮助下，历尽千辛万苦到达了佛国世界，取得了如来真经。而且，大家都知道这是人们编出来的神话故事。

其实，唐僧确有其人，去西天取经也确有其事，历经千难万险也是事实。这就是唐代著名佛学家、翻译家和旅行家玄奘（zàng）的故事。《西游记》就是在玄奘和其他僧人去印度求经的艰苦历程和见闻的基础上，经过后人的不断加工、演绎和神化而成的小说。

玄奘（602—664）原姓陈，名祎（yī），洛州缑氏县（今河南偃师）人。生于隋代仁寿二年（602），13 岁时随二哥陈素做了洛阳净土寺的僧人，后来云游成都、长安等地，小有名气。在研习佛理中，他觉得流传在中国的佛教经典矛盾重重。为了学习佛教真义，他决定亲往佛教发源地天竺（印度）寻求真经。后由长安，经河西走廊，穿过变幻莫测的沙漠地带、危险峻峭的冰川区等，终于到达印度。在当时最著名的佛教中心那烂陀寺等处学习多年，后又遍历印度各地，学问剧增。642 年 12 月在曲女城（今印度卡瑙季）召开的有五天竺（古印度）18 个国家的国王和 6000 多僧人参加的佛教经典教义答辩会上，由玄奘担任论主（主讲人），开讲经义并负责答辩，赢得了完全胜利。按照惯例，会后玄奘乘坐身披彩锦的大象游行，贵臣陪同，所到之处万民欢腾。后来玄奘又前往钵罗耶伽国（今印度阿拉哈巴德）参加了有 50 万人的“无遮大会”（佛教施舍大会）。唐贞观十七年（643），玄奘满载荣誉和佛教经典动身回国，到京城长安时，受到朝廷隆重欢迎。唐太宗亲自召见慰勉，并让他住进皇寺大慈恩寺进行佛经翻译，又在长安城中心大街朱雀大街举办了玄奘带回的佛教经典展览。一时，唐僧玄奘之名弘扬各地。后来他在长安翻译佛经达 1300 万言，计 75 部 1335 卷，由他口述、其弟子辩机写成的《大唐西域记》（12 卷）一书，记述了他游历印度 17 年中所经历的 110 国和传闻 28 国的山川地理、风土人情等。唐高宗麟德元年（664）二月五日，玄奘圆寂，葬于西安樊川北原。

玄奘

（一）玄奘的西行旅程与经历

唐贞观三年（629）秋，玄奘离开唐都长安，随西行商人开始了艰苦卓绝的西游历程。他向西经河西走廊的武威、张掖等地，出玉门关，穿过渺无人烟的沙漠，再经伊吾（今新疆哈密）、高昌（今吐鲁番）、屈支（今库车），越过天山冰峰凌山（今穆索尔岭），依热海（今吉尔吉斯斯坦伊塞克湖），到达当时属于西突厥的素（碎）叶城（今吉尔吉斯斯坦伏龙芝附近托克马克），又由此过赭时（今乌兹别克斯坦塔什干）、今阿姆河上游、铁门要塞，经吐火罗（今阿富汗北部）和迦毕试（今阿富汗喀布尔），到达大雪山（今兴都库什山），翻越雪山后进入那揭罗喝国（今巴基斯坦西北边境省北部）和犍陀罗国（今巴基斯坦白沙瓦），最后进入天竺（今印度）境内。此后在印度停居十多年，一边学习佛学一边周游印度各地。贞观十七年（643）回国，经巴基斯坦、阿富汗、帕米尔高原的瓦罕谷地，沿丝绸之路南道的疏勒（今新疆喀什）、于阗（今新疆和田）、鄯善（今新疆若羌），到达瓜州（今敦煌），由此沿河西走廊回到首都长安。

玄奘一路上穿过了许多惊险之地，遇到很多特殊地理环境，这些在他的著作《大唐西域记》中都有记述。

如他记述出玉门关后，自己单身一人进入沙漠（今罗布泊东沙漠区），一路上沙海茫茫，渺无人烟，绝少水草。气候变化无常，时而狂风大作，飞沙走石，暗无天日；时而寂静无声，烈日当空，炎热炙肤。加上光线折射，海市现象忽隐忽现，变幻莫测。夜晚则寒气袭人，路旁尸骨发出幽幽蓝光，一派骇人胆魄的景象。他说当时四顾茫然，人马俱绝。夜则妖魑举火，灿若繁星；昼则惊风拥沙，散如时雨（《大唐西域记》卷一）。途中他又不小心打翻了水袋，一连五天四夜，无滴水沾喉，口干舌焦，以致昏倒在沙漠中。直到夜晚，忽然一阵凉风吹来才使他苏醒过来。他咬紧牙关继续西行，终于发现了一池淡水，才免于一死。饮水后，稍作休息，他又艰难地在沙漠中穿行，以前人的尸骨为标志，摸索前进。几天之后，才走出沙漠到达伊吾城（今新疆哈密）。在翻越天山冰峰时，所经过的凌山（天山穆索尔岭）山峰高耸，冰雪漫地，寒风彻骨，他只能悬釜而炊，席冰而寝，忍饥挨饿地越过天山。而他后来翻越的大雪山（兴都库什山）比凌山更险恶。他说那一段路程“满山冰雪，千年不化，凝云飞雪，曾不暂霁（jì）。□□积雪满谷，蹊（xī）路难涉”，而且，“群盗横行”“途路艰危，倍于凌碛之地”。

尽管路途艰险，玄奘终于以宁可西进而死，决不东归而生的决心与毅力，完成了历史上这一罕有的长途旅行。

（二）玄奘的地理认识与意义

玄奘及其《大唐西域记》在我国地理学发展史上的地位，就在于他记述了对印度等地的地理新认识，他的认识比过去任何时候都要深入、详确，是当时人们地理视野扩展的一个新标志。

如对印度的地理认识，在唐以前的有关史书都有不少提及，法显的《佛国记》有相当的记述，但由于了解范围及篇幅所限，对印度各地的地理认识记述得都比较粗浅。到唐玄奘时，由于他在印度居留十多年，又遍游各地，所以，他的认识比过去大有进步。在他的《大唐西域记》中，不仅分章记述各国地区的地理、人文情况，而且列专卷集中论述印度半岛上整个印度的疆域、文字、岁时、赋税、物产、地理大势等情况，甚至对当时印度人对外部世界地理的观念都有记述。如卷二在叙述印度半岛的地理大势时说：

> 五印度（当时印度分五部分）之境，周九万余里，三垂大海，北背雪山。北广南狭，形如半月。画野分区，七十余国。时特暑热，地多泉湿。北乃山阜隐轸，丘陵舄卤，东则川野沃润，畴陇膏腴；南方草木荣茂；西部土地硗（qiāo）确。

正确指出了印度半岛北宽南窄的疆土形状，以及半岛上的气候特征和南、北、东、西的自然景观特点。

再如关于阿耆尼国（今新疆焉耆回族自治县）的记述，也是古代最详细的文字记录之一。卷一记道：

阿耆尼国东西六百余里，南北四百余里。国大都城，周六七里，四面据山，道险易守。众流交带，引水为田。土宜穈黍、宿麦、香枣、蒲（葡）萄、梨、柰（nài）诸果。气序和畅，风俗质真。……服饰氎毼（dié hé），断发无巾。货用金钱、银钱、小铜钱。王其国人也，勇而寡略，好自称伐，国无纲纪，法不整肃。伽蓝（佛寺）十余所，僧徒二千余人……从此西南行二百余里，逾一小山，越二大河，西得平川，行七百余里，至屈支国。

仅用一百多字，就清楚地介绍了阿耆尼国的面积、都城、地形、水利、物产、气候、服饰、货币、政治、宗教以及交通位置。这比过去的资料要详实得多。

再如关于伊塞克湖，自张骞通西域后，在过去的文献中已多次提到它。但最早详细介绍的也是玄奘的《大唐西域记》。卷一记述：

大清池，或名热海，又谓咸海，周千余里，东西长，南北狭，四面负山，众流交凑，色带青黑，味兼咸苦，洪涛浩汗，惊波汩淴（gǔxī），龙鱼杂处，灵怪间起，所以往来行旅，祷以祈福，水族虽多，莫敢渔捕。

正是因为《大唐西域记》一书以其详实的记录，介绍了中亚、印度各地丰富多彩的地理、人文新知识，所以，它不仅是唐代的一部著名地理著作，也是今天从事中亚、印度历史地理研究的重要典籍。因而，玄奘与《大唐西域记》不仅在中国地理学史上，而且在世界地理学史上都占有重要地位。

二　世界上最早的子午线实测

关于子午线长度的知识，古代希腊天文、地理学家埃拉托色尼（约前 273—约前 192）在测算地球周长时，曾估算过子午线的弧长（1° 约为 110.25 千米），但这不是实测的结果。世界上第一次进行子午线长度实测的，是我国唐代一行和尚在开元十二年（724）进行的大地测量。

一行（683—727）本名张遂，唐魏州昌乐（今河南南乐）人。他自幼刻苦好学，博览天文、历象、阴阳五行等书，对天文历象很有研究，青年时代就以学识渊博而闻名首都长安。在武则天当政时，为了躲避权贵武三思（武则天的侄子）的拉拢，离开京城逃往嵩山，削发为僧，取名一行，史称僧一行，不久即成为佛教密宗的领袖。唐玄宗即位以后，于开元初强召他来京城长安，担任天文方面的工作，主持编制新历法、制造天文仪器和从事大地测量。

据《新唐书 · 天文志》《唐会要》等史书记载，唐玄宗开元十二年（724）为编定历法提供天象资料，由僧一行主持，南宫说等人参加，进行了涉及全国各地 10 多处基点的大地测量工作。

其中主要的四个测点是：滑州白马（今河南滑县）、汴州浚仪太岳台（今河南开封市西北）、许州扶沟（今河南扶沟）、豫州上蔡武津馆（今河南上蔡）。他们首先测出各个点在冬至、夏至和春分、秋分日同一时刻的日影长，再同时测出各点的北极高，并实测出这四个点的相互距离。由于四个点相互经度位置很近，所以最后换算得出，南北“大率三百五十一里八十步，而极差一度”的结论（《新唐书 · 天文志》）。

唐一里为 300 步，一步为五尺；一周天为 365.25 度。换算成现代地球度数和距离，即南北相距 129.22 千米，北极高度相差 1 度，亦即地球上子午线 1 度相对地表弧长为 129.22 千米。

据现代科学测量，位于北纬 33°—36° 地区的子午线弧长 1 度约为 111 千米。显然，一行他们的测量结果比实际还有较大误差。但是，这是世界上最早进行的子午线长度实测，比世界上著名的阿拉伯天文学家阿尔 · 花剌子模等人在幼发拉底河地区的科学测量（他们的测量结果是：子午线 1° 弧长 111.815 千米）早 90 年，而且它在当时就纠正了我国历史上传统的“日影千里差一寸”的错误观点。同时，一行他们最早将地理纬度测量和距离结合起来，为后来的天文学大地测量奠定了基础。

美中不足的是，当时的测量主要是为编写历法服务，而未能将这一成果推广到地图制作中，也没有使它传播普及，起到应有的革新作用。

三　颜真卿与海陆变迁的认识

唐代颜真卿（709—785）的书法有名，这几乎是人人知晓的事。可颜真卿作为我国第一位以观察事实论证海陆变迁科学思想的人，却很少有人了解。

历史上，海陆曾多次发生过变化，这已是一般的常识问题。可是古代，由于人们还不具备近现代科学技术手段及相关的学科思想，对海陆是否发生过变化，并不是从一开始就明确认识到的。

关于海陆变迁的思想，在我国产生较早。周代就有“高岸为谷，深谷为陵”（《诗经 · 小雅 · 十月之交》）的认识。东晋葛洪在他所著的《神仙传 · 麻姑传》中，更是借一位女神仙麻姑的话说“已见东海三为桑田”（东海由海变为陆地农田，已变化了三次），再次表明了当时的海陆变迁思想。但是，他们对这些思想都没有进行科学的论证。到唐代宗时，颜真卿便成为最早为这种科学思想找到证据的人。

唐代宗大历六年（771），颜真卿任抚州刺史。有一次，他在今江西省南城县麻姑山顶的一座古坛附近，发现了一些夹在地层中的螺蚌壳化石。于是他便认真分析了这一现象，认为这里原来应是海洋，后来才变成了陆地，而这些螺蚌壳化石就是海陆变迁、地壳抬升的证据。为此，他还专门写成《抚州南城县麻姑山仙坛记》一文（《颜鲁公文集》卷一三），并刻石记述这一发现。

这是我国历史上最早以实际观察到的实物证据，论证海陆变迁思想的地理学事件。此后，北宋沈括、南宋朱熹等都继续发展了这一思想。所以，颜真卿的这一认识，标志着我国古代自然地理认识的一大进步，在地理认识史上有划时代意义。

四　沈括的地理思想

沈括（1031—1095），字存中，北宋钱塘（今浙江杭州）人，我国古代一位百科全书式的著名科学家，在各个方面都有新的贡献。他出身于下层官吏家庭，成年后，做过多年地方官，后中进士（1063)，进入昭文馆担任书籍编校工作，同时还担任过太史令等职。史称他“博学善文，于天文、方志、律书、音乐、医药、卜算，无所不通，皆有所论著”(《宋史 · 沈括传》)。他还汇集各种旧闻和自己的见解写成《梦溪笔谈》一书，分故事、辩证、乐理、象数、人事、官政、权智、艺文、书画、技术、器用、神奇等 17 门，涉及天文、历法、数理化、地理、医药、技术、文学艺术等 20 多种学科 609 项记述。其中涉及地理学各个方面的内容就有 100 多条，反映了他的主要地理思想。

沈括的地理思想，主要表现在他对许多自然地理现象的科学观察和正确解释。包括流水侵蚀、海陆变迁与华北平原成因、古环境变迁、植物地理分布的制约因素等方面。

（一）关于流水侵蚀思想

沈括曾去浙江温州一带观察过雁荡山的特殊地貌景观。他发现雁荡山的大地地貌特征很特殊：雁荡山的各山峰皆挺拔峻险，高耸千尺，矗立于山谷之中；从山顶上看，各山峰顶几乎都处在同一水平面上。这在山外却一点也看不到，只有进到山谷中，才能看见一个个山峰挺拔林立。这是怎么形成的呢？他分析后认为是流水侵蚀而成的。他说：这种地貌现象“当是为谷中大水冲激，沙土尽去，唯巨石岿然挺立耳”（《梦溪笔谈》卷二四）。他还在大、小龙湫（qiū）等处看到流水穿凿的现象，由此又联系到黄土高原地貌，认为黄土高原的沟壑等地貌现象也是流水切割造成的。

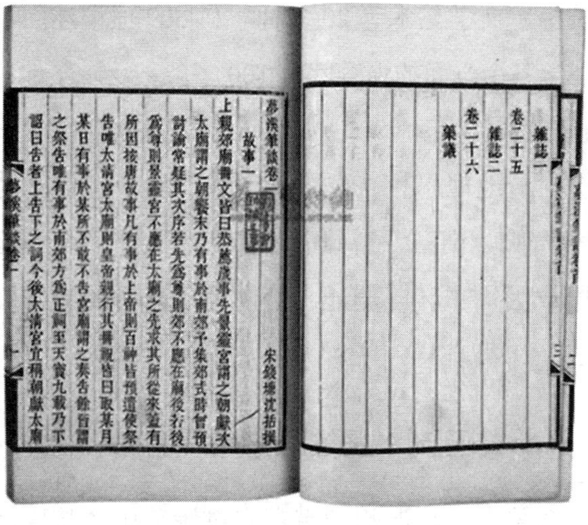

雜誌一
卷二十五
雜誌二
卷二十六
藥議

夢溪筆談卷一　宋錢塘沈括撰
故事一
上親郊廟冊文皆曰恭薦歲事先景靈宮謂之朝獻次
太廟謂之朝饗末乃有事於南郊予集郊式時曾預
討論常疑其次序若先為尊則郊不應在廟後若後
為尊則景靈宮不應在太廟之先求其所從來蓋有
所因按唐故事凡有事於上帝則百神皆預遣使祭
告唯太清宮太廟則皇帝親行其冊祝皆曰取某月
某日有事於某所不敢不告宮廟謂之奏告餘皆謂
之祭告唯有事於南郊方為正祠至天寶九載乃下
詔曰告者上告下之詞今後太清宮宜稱朝獻太廟
夢溪筆談卷一

《梦溪笔谈》书影

据科学考察，雁荡山各峰的高度过去确实处在一个水平面上，它们的岩石都是以流纹岩为主，是白垩（è）纪火山喷发的堆积物。在白垩纪末第三纪初，地壳发生不均一的上升运动，加上强烈的外力作用，终于使相当平坦的剥蚀平原成为古夷平面的结果。此后经风化和流水侵蚀作用，松软物质被搬运而去，因流纹岩岩性较硬，又富垂直节理（岩石的裂缝），所以被保存下来，形成峰丛林立的独特地貌景观。沈括在这里最早使用了“流水侵蚀”的概念，并正确解释了雁荡山山峰的成因。他的这一思想要比称为“近代地质学之父”的郝登 1788 年提出的侵蚀作用理论早 700 年。

（二）海陆变迁与华北平原成因

华北大平原为一个冲积平原，这已是众所周知的常识，而在我国第一位提出这种理论的人，就是距今 1000 多年的沈括。

北宋熙宁七至八年（1074—1075），沈括察访河北西路时，由开封出发，依太行山而北行。他看到山崖中常常有镶嵌的螺蚌壳鹅卵石，而且“横亘如带”。于是他便联想到海陆变迁以及华北平原的成因问题，认为太行山、华北平原为过去的沧海，其变成陆地的原因就是河流冲积作用，即所谓“浊泥所湮耳”（《梦溪笔谈》卷二四）；并从黄河等北方河流的水文特征上进一步论证了华北平原的成因，指出："凡大河（黄河）、漳水（漳河）、滹沱（河）、涿水（拒马河）、桑乾（桑干河）之类悉是浊流（高含沙量）。今关、陕以西，水行地中，不减百余尺，其泥发东流，皆为大陆（华北平原）之土。"所以，他认为他提出的冲积成因理论"此理必然"（《梦溪笔谈》卷二四），事实上也确实如此。

（三）古环境变迁思想

沈括在延州永宁关（今陕西延川县东南）曾看到大河崩岸，发现在地下几十尺的地方有几百茎类似竹笋的植物，根干相连，都已成为化石。陕北气候干燥并不适宜竹类生长，这些类似竹类的植物化石是怎么回事呢？沈括认为：很古以前，这里气候比较潮湿，有一个适于竹类生长的湿润环境，到当时的干燥环境有一个变迁过程。如他所说，陕北"旷古以前，地卑气湿而宜竹"（《梦溪笔谈》卷二一），反映了他当时对环境变迁这一科学事实的正确认识。

（四）控制植物分布要素的认识

对影响植被地理分布的主要因素，我国很早就有观察和认识，如《周礼 · 考工记》中就有“橘逾淮而北为枳（zhì）……此地气然也”的论述。沈括对此也有比较正确的认识。如他在论述全国各地的物候现象时，就正确地指出了地理位置、气候条件对植物水平分布的影响。他在《梦溪笔谈》卷二六中指出：“岭峤（岭南地区）微草，凌冬不凋；并汾（山西）乔木，望秋先陨；诸越（浙江、福建一带）则桃李冬实；朔漠（长城以北）则桃李夏荣。此地气之不同也。”而关于影响植物垂直分布差异的根本原因，他明确指出，这是因为“地势高下之不同”（《梦溪笔谈》卷二六）。

除以上所述外，沈括还进行过许多地理实践活动。在地图方面，他绘制过当时的全国地图集——《天下州县图》（又称《守令图》）；制作过木模型图等，并就制图六体进行了修正，提出了分率、准望、牙融、傍验、高下、方邪、迂直七法。还创立了分层筑堰水测法，实测了自京城汴梁（今开封市）上善门至泗州［今江苏盱眙（xū yí）］入淮口长 840 里 130 步的汴河河道高差等。因此，沈括在我国地理学史上，是一位十分重要的学者。他的许多地理见解和实践，不仅在我国，就是在世界科学史上也都是少见的，具有特殊意义。

五 中国古代地理学传统的形成与发展

中国古代地理学的最大特点就是重视沿革地理传统的形成和发展。而这一特点的体现，则主要表现在沿革地理著作的众多和属于这一体系的地理志、地方志的源远流长，数量庞大。

唐宋时期正是以沿革地理为主要特点的中国古代地理传统的形成与发展时期。

（一）地理志、地方志体例的规范化

地理志是一种记录某地区有关人文地理、自然地理的综合性区域地理著作。地方志则是一种将历史、人文、地理等情况包罗在一起的区域史地著作，它是在区域地理志与地方史两种著作体裁的相互渗透交融中逐渐发展起来的。

地志（地理志、地方志）在我国起源很早，上自先秦下迄明清绵延不断。据统计，见于著录的就有 8 000 多种，涉及全国总志、省志、府志、州志、县志、镇志，以及山川湖泊等专志。但在地志记述内容、体例的完备规范化上，唐宋时代是一个关键时期。在这一时期的大量地志（地理志、地方志）撰写中，人们逐渐确立了它的写作规

范，并给后世以极大影响。

唐宋时期出现了许多优秀的地志著作，如全国性的就有隋代的《区宇图志》(129卷)、《隋诸州郡图经》(100卷)；唐代李泰《括地志》(550卷，今辑佚本为8卷)、李吉甫《元和郡县图志》(42卷)；宋代乐史《太平寰宇记》(200卷)、王存《元丰九域志》(10卷)、欧阳忞(mín)《舆地广记》(38卷)、王象之《舆地纪胜》(200卷)、祝穆《方舆胜览》(70卷)等。此外还有众多的地方志，至今尚能见到的就有20多种，如宋代范成大的《吴郡志》，乾道、淳祐、咸淳三朝先后纂修的《临安志》等。尤其是唐代李吉甫《元和郡县图志》、宋代乐史《太平寰宇记》的出现，奠定了中国古代传统地志写作的基本体例规范。

《元和郡县图志》是以唐宪宗元和八年(813)全国的十道所属府、州、县为纲，分沿革、户口、四至八到、山川、贡赋、古迹等项内容来记述各地的史地情况。到北宋乐史修纂《太平寰宇记》时，他则以当时(雍熙四年，即987年)的行政区划道为纲，以府县为纬，因袭《元和郡县图志》的记述门类，同时又另外增设了风俗、姓氏、艺文、土产、四裔等门类，使地志的内容更趋向于史传化，地理内容所占比重相对变少。重要的是，乐史的这一体例对后来撰修地理志、地方志影响甚大。南宋的《舆地广记》《舆地纪胜》《方舆胜览》等都仿照乐史的体例，甚至进一步扩大其非地理的史传内容。再后的官方全国地理总志——元明清三朝的《一统志》，以及明清兴盛的各地地方志的编修，也都基本上依据《太平寰宇记》的体例、门类为蓝本，而没有多大改变。所以，史称："后来方志必列人物艺文志，其体皆始于史（乐史）。盖地理之书，记载至是书（《太平寰宇记》）而始详，体例亦自是而大变。"（《四库全书总目提要》卷六八）因此，乐史《太平寰宇记》的出现，是中国古代地理著作发展的一个标志，也是著作体例规范化的一个标志。

（二）沿革地理学的发展

沿革地理学，是以注重行政疆域沿革演变为特征的地理学，是中国古代地理学的主要组成部分和传统。《汉书·地理志》及当时一些相关方志的出现，标志着我国沿革地理学的建立。后经魏晋南北朝时期的发展，到唐宋时代，这一传统得到了很大的继承和发展，并出现了专门的沿革地理著作。

在唐宋全国地理总志中，除个别外，几乎都将政区沿革作为记述的重要内容。如《括地志》本是以唐贞观十三年（639）定簿为准，记述当时地理情况的，却依据《汉书·地理志》等成规，对各州县的政区历史沿革详细叙述，甚至连所记山脉河流等自然地理要素，也要追溯其名称、资料渊源。《元和郡县图志》在记述州县时，亦是对其行政建置沿革非常重视，上自《禹贡》九州，下到魏晋隋唐，详细叙述其沿革变化过程。《太平寰宇记》则专辟有沿革一项，尤注重《元和郡县图志》一书之后到宋初100多年的政区沿革变化。欧阳忞的《舆地广记》更是将历代政区沿革变化作为全书的重点，如该书前三卷叙述远古尧舜以至唐、五代、宋的疆域变化；卷四记述宋代郡县名作为目录；卷五以后详述当时四京二十三路郡县的沿革离合。由于该书侧重于政区沿革，所以，甚至连一般志书所记的道里、户口、风俗、土产等项都不载录。

这一时期还出现了专门的沿革地理著作。如唐代贾耽的《古今郡国县道四夷述》、宋代吴澥（xiè）的《历代疆域志》、杨湜的《春秋地谱》等。唐代杜佑还在《通典》一书中列“州郡”一章专述沿革地理；南宋郑樵《通志》二十略中的“地理略”“都邑略”也是专讲沿革地理的专篇，其中“地理略”记述历代疆域沿革；“都邑略”叙述历代都城的选址和变迁。而南宋王应麟的《通鉴地理通释》（14卷），更是沿革地理著作的代表。它是王应麟根据司马光《资治通鉴》一书的内容，结合其他史书，论述和诠（quán）解历代地理沿革梗概的专著。全书分两大部分：前五卷叙述历代都城，次叙历代都邑，再叙十道山川；后九卷着重论述战国、三国、南北朝、五代等分裂时期的地理形势和名臣议论，诠解军事重镇的沿革等。

（三）别具一格的《元丰九域志》

如上所述，唐宋时代我国地志的发展，在体例上基本规范化，在内容上既包括地理方面的资料，也收录人文、古迹等非地理的内容，而且逐渐趋向史传化，同时，地理内容的记述，也是以政区沿革为主要内容。但是，在众多的地志著作中，却有一本很重要的全国地理总志摆脱了以上传统，独辟蹊径，写成一部不收录“非当世先务”的古迹、人物、风俗等门类的资料，而仅仅着力于当时山川、镇戍、户口等项内容的“纯”地理著作。这就是北宋王存等奉敕撰修的《元丰九域志》。

《元丰九域志》修于北宋神宗熙宁、元丰年间，元丰三年（1080）成书，全书10卷，记载元丰初四京二十三路，附记省废、化外、羁縻（mí）州军。在记载体例上与一般志书相同，以一级行政区路为纲，下系所属府、州、军、县数；以二级行政区的府、州为目，上冠以等级，下系以领属节度、治城、本朝沿革、地里、户口、土贡、所辖县（监）数及其沿革；以三级行政区的县（监）为子目，上冠以等级，下系以道里、乡、镇、寨、山、川、泉、薮。所附废州军只讲简单沿革；化外州只载属于何路；羁縻州只载归属和所领州、县（部落、镇）。它的特点在于：注重当代地理记述，如道里、山川、镇戍、户口、土贡等项。叙述也比较详细，如地里一项，就创用里程来标明区域大小的方法。例如叙开封府到各边界的范围：东为 245 里、西为 115 里、南为 215 里、北为 100 里，同时还记述开封距南京、郑州、陈州、滑州、亳州、颍昌府、曹州、卫州的里程。它所设土贡一项，记述各地的贡品及数量，也极具经济地理价值。而对人物、古迹等项概不记述，就是涉及的政区沿革也只限于宋朝，而不像其他一般志书，往往上溯先秦三代。

总之，与其他地理志、地方志相比，王存主编的《元丰九域志》是传世的地志著作中，内容只限于当代地理的典范。它不仅在内容上可弥补《宋史 · 地理志》《太平寰宇记》的不足，更重要的是，在当时地理著述趋向史传、重视沿革的风尚下，它新开了一种重视地理记述的著作体例。

（四）胡三省《资治通鉴》地理注

《资治通鉴》是北宋初年司马光主持编修的我国第一部编年体通史，上起周威烈王二十三年（前403），止于后周世宗显德六年（959）。全书294卷，目录和考异各30卷。该书规模宏大，影响深远，自它问世以来，为它作注的学者就很多，仅宋代就有司马康、史炤（zhào）、王应麟等。南宋末年浙东宁海（今浙江宁海）人胡三省（1230—1302）也尽毕生精力注《资治通鉴》，完成《新注资治通鉴》一书。

胡三省的注，涉及职官、舆服、刑法、天文、历法、乐律、食货、少数民族及周边国家等方面。地理也是注的内容之一，而且由于胡三省精于地理，所以这一部分的注很有特色，在内容上几占全部注的1/4。有关地理注的内容分为两部分：一是散见于《资治通鉴》正文下的注文，侧重于注释州县建置和地理沿革；一是附载于《资治通鉴》全文之后的《辨误》12卷，专门纠正史炤注释的错误。胡三省的地理注主要涉及以下几个方面的内容，即：注地名来源；注唐代各州至二京（长安、洛阳）距离以及各州之间的距离；注州县沿革；注各古今州县辖境；注行政治所的迁移；注山川和气候等自然地理要素；注交通和水利；注名胜古迹。

在注释地理的治学方法上，他开创性地应用了对地理史料进行校勘、考证、避讳、辨误等研究方法。这一方面使他的地理注纠正了前人的差误（考释结论），更近于事实，另一方面也标志着我国古代地理传统中考释方法的建立。到清代考据学兴起时，这些方法便广泛应用在对古代地理著作的整理研究工作中。

第四章

郑和下西洋与徐霞客全国地理考察

——元明时期的地理学成就

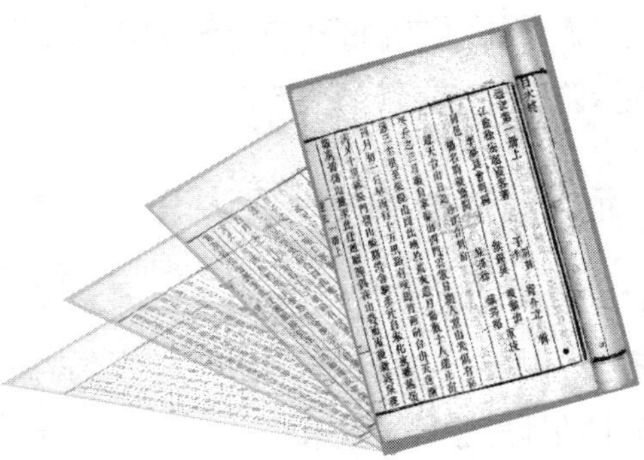

元明时期（1279—1644）是我国历史上一个较长的统一时期。明中叶以前，国家政治、经济、文化等各方面都比较强大和发达。有关地理学的认识主要体现在对海内外旅行考察的广泛进行，以及随之而来的区域地理认识的扩大。

一　元代地理认识与河源考察

唐代末年以来，中原战乱，我国与西域各国的陆上交通一度几乎隔绝。到 13 世纪初，北方蒙古族兴起，在成吉思汗的率领下东征西战，再一次打通了中西陆上通道。到忽必烈建立元朝后，中西陆上、海上交通更为发达。当时不仅有许多人前往西域带回新的地理知识，而且政府派遣专门地理探险队考察黄河源头地理。

（一）元代的边疆域外地理认识

元代的边疆域外地理新认识，主要表现在耶律楚材、丘处机、常德，以及周达观、汪大渊等人对蒙古高原、中亚和南亚海上的地理旅行与记录。

耶律楚材（1190—1244），元代著名的契丹族政治家、天文学家和旅行家。他曾随成吉思汗远征西域，著有《西游录》一书，记述有关中亚的人文、地理情况。丘处机

（1148—1227），号长春真人，曾应成吉思汗之邀，前往中亚的成吉思汗军中。1221年，由燕京（今北京）北上，至呼伦贝尔草原，横穿蒙古高原，越阿尔泰山，依天山北麓西行，经塔拉斯（今哈萨克斯坦江布尔）、塔什干，渡锡尔河到邪米思干（今乌兹别克斯坦撒马尔罕），直到大雪山（今兴都库什山），停留近一年，才向东返回燕京。丘处机是我国历史上最早横穿蒙古高原的人。根据他的旅行见闻写成的《长春真人西游记》一书（由其弟子李志常笔录），记述了有关蒙古、新疆、中亚的地理认识。

另外，常德（又名刘郁）曾在元宪宗九年（1259）奉命出使伊儿汗国，抵达今伊朗西北，往返历时四年多，写成《西使记》一书，记述西域风土人情地理。

在关于南亚、西南亚海上的地理认识方面，主要有周达观（1266—1350？）的《真腊风土记》与汪大渊（约1311—？ 1350年后）的《岛夷志略》。

《真腊风土记》是元成宗元贞年间（1295—1297），周达观奉命随使团出使柬埔寨（时称真腊）时，关于柬埔寨当时政治、经济、地理、民俗等情况的记录。其中对柬埔寨山川、气候等地理记述，是最早以亲身经历介绍给我国人民的关于柬埔寨的地理认识。如《真腊风土记 · 山川》写道：

> 自入真蒲以来，率多平林丛昧。长江巨港，绵亘数百里。古树修藤，森阴蒙翳（yì），禽兽之声杂遝（tà）其间。至半港而始见旷田，绝无寸土，弥望芃芃（péng），禾黍而已。野牛以千百成群聚于其地。又有竹坡，亦绵亘数百里。

《正朔时序》中记述柬埔寨气候说：

> 大抵一岁之中，可三四番收种，盖四时如五六月天，且不识霜雪故也。其地半年有雨，半年绝无……

汪大渊的《岛夷志略》，是作者在1329—1340年间两次随船航行南亚、东非的旅行见闻记录。其涉及的地区，自我国台湾、南海以及外国如马来半岛，以至非洲东岸北段99处主要地点（见表1）[①]，全书一卷，以99个地名作为分段的主题，叙述当地的各种见闻，包括地理形势、气候、物产、风俗、趣闻等内容。其记述不仅范围广大，而且内容详实。明代马欢在随郑和下“西洋”（古代对南海及印度洋海域的泛称）时，就曾对照《岛夷志略》的记

---

① 参见王成组:《中国地理学史》，商务印书馆，1988年。

述，发现汪大渊的记述非常准确。他在自己的著作《瀛涯胜览·序》中说：我过去读《岛夷志略》时，看到各地天时气候不同、地理人物差异，曾感叹天下怎么会有这么大的不同呢?!待我亲自到了这些地方，才知道《岛夷志略》所记各地天时、地理、气候、人物一点都无虚假之处。

表 1 《岛夷志略》地点分布表

著录地名	原书编次	所在现代地区	各区总数
澎湖	1	台湾与南海	4
琉球（台湾）	2		
三岛	3		
万里石塘	81		
交趾	7	中南半岛东部（真腊在柬埔寨，罗斛以下三地在泰国）	10
占城	8		
民多朗	9		
宾童龙	10		
真腊	11		
昆仑（岛）	50		
灵山	51		
罗斛	21		

表 1 《岛夷志略》地点分布表　　（续表）

著录地名	原书编次	所在现代地区	各区总数
东冲古剌	22	中南半岛东部（真腊在柬埔寨，罗斛以下三地在泰国）	10
暹	33		
麻逸	4	菲律宾群岛	6
麻里鲁	14		
尖山	27		
苏禄	38		
毗舍耶	43		
文老古	47		
遐来勿	15	印度尼西亚群岛	12
八节那间	28		
浡泥	31		
爪哇	34		
重迦罗	35		
都督岸	36		
文诞	37		
苏门傍	40		
蒲奔	45		

表 1 《岛夷志略》地点分布表　　（续表）

著录地名	原书编次	所在现代地区	各区总数
假里马打	46	印度尼西亚群岛	12
勾栏山	58		
万年港	88		
龙涎屿	6	苏门答腊岛（北部在马六甲海峡沿岸）	10
三佛齐	29		
啸喷	30		
旧港	41		
急水湾	53		
花面	54		
淡洋	55		
须文答剌	56		
喃巫哩	62		
罗婆斯	98		
丹马令	12	马来半岛东岸	10
彭坑	16		
丁家卢	18		
戎	19		
罗卫	20		

表 1 《岛夷志略》地点分布表 （续表）

著录地名	原书编次	所在现代地区	各区总数
龙牙犀角	39	马来半岛东岸	10
班卒	44		
古里地闷	48		
龙牙门（新加坡）	49		
东西竺	52		
无枝拔（满剌加）	5	马来半岛西岸（南段在马六甲海峡沿岸）	7
日丽	13		
吉兰丹	17		
苏洛鬲	23		
针路	24		
淡邈	26		
龙牙善提	42		
八都马	25	缅甸	2
乌爹	99		
金塔	67	印度半岛东岸	4
土塔	71		
大乌爹	87		
朋加剌	84		

表 1 《岛夷志略》地点分布表 （续表）

著录地名	原书编次	所在现代地区	各区总数
僧加剌	57	斯里兰卡岛	6
高朗步	65		
第三港	72		
千里马	78		
大佛山	79		
马八儿屿	89		
北溜	63	马尔代夫群岛	1
明家罗	32	印度半岛西岸	16
特番里	59		
班达里	60		
曼陀郎	61		
下里	64		
沙里八丹	66		
东淡邈	68		
大八丹	69		
加里那	70		
华罗	73		
须文那	80		

表 1 《岛夷志略》地点分布表 （续表）

著录地名	原书编次	所在现代地区	各区总数
小南	82	印度半岛西岸	16
古里佛	83		
巴南巴西	85		
放拜	86		
天竺	93		
波斯离	76	西南亚	7
挞吉那	77		
里伽塔	91		
天堂	92		
马鲁涧	95		
甘埋里	96		
麻呵斯离	97		
麻那里	74	非洲东岸北段	4
加将门里	75		
阿思里	90		
层摇罗	94		

我国对“西洋”地理的认识很早，汉朝班固在《汉

书》中就曾记录有一条由广州通往印度洋至非洲东北岸的航道。后来法显等从海上回国、唐代与南亚各地海上交往，也都积累了不少有关那里的地理知识，但是，这些知识都比较零散。到宋代，南宋赵汝适曾收集各种古籍记载和当时西洋商贾传闻，写成《诸蕃志》（二卷）一书，记载了 60 个国家和地区的物产、地理、传闻、经济，以及与宋朝的关系。遗憾的是，这些记述全依靠文献和传说写成，并非作者亲自所见，所说就免不了有错误讹传之处。而汪大渊的记述是在自己耳闻目睹基础上写成的详实记录，因此，它标志着我国古代对南洋、西洋地理的新认识。

以上这些著作都是作者以亲身经历记述各地的地理见闻，大大丰富、开拓了当时人们对域外边疆地理的认识，弥补了过去认识的不足。这些游记著作的出现，极大地扩展了人们对域外边疆地理的知识视野。

（二）都实的河源考察

黄河是我国的第二大河，是中华民族的摇篮。黄河中下游一直是中华民族发祥、生活的主要地区，因此，人们很早就对黄河中下游河道等地理特征有所了解。然而，对于黄河上游的地理认识却经历了漫长的过程，直到元代专门派遣考察队实际踏勘河源，才开始弄清了黄河上源的地理情况。

关于黄河河源的认识，最早是先秦《禹贡》中提到的积石（青海东小积石山），当时的认识大致还限于西宁、兰州一带。到西汉时，张骞通过西域，发现塔里木河自西而东注入蒲昌海（又称盐泽，即今罗布泊），而蒲昌海“广袤（mào）三百余里，其水亭居，冬夏不增减”，于是便认为这里的水“潜行地下，南出于积石，为中国河”（《汉书·西域传》）。即认为塔里木河是黄河的上源，它经罗布泊潜行（伏流）至积石山，成为黄河。

到唐代，由于唐初与活跃于青海的吐谷浑人作战，以及后来与青藏高原上的吐蕃人友好交往，便对黄河源地的二湖（鄂陵湖、扎陵湖）地区有了较多闻知。如唐初贞观九年（635）侯君集带兵进入青海，追击吐谷浑时，就曾“次星宿川……览观河源”（《新唐书·吐蕃传》）。文成公主出嫁吐蕃，也曾路经河源地区。唐穆宗时，刘元鼎出使吐蕃会盟也路过河源地区，并对这里的山川大势有所认识，《新唐书·吐蕃传》中记道：

> （黄）河之上流，由洪济梁（西宁西南）西南行二千里，水益狭，春可涉，秋夏乃胜舟。其南三百里三山，中高而四下，曰紫山，直大羊同国（青藏高原北部之国），古所谓昆仑者也，虏

曰闷摩黎山（巴颜喀拉山），东距长安五千里，河源出其间。

但是，这些都不是考察河源的记录，而且认识与记述还嫌简略。

元代统一中国后，为了加强中央与边疆民族的联系，试图探清河源，在黄河上游处建立一座贸易城市，然后利用黄河水运沟通与京师内地的联系。于是在至元十七年（1280），元政府派遣都实（又写作笃实，女真族人，姓蒲察氏，元初曾任乌斯藏路督统和招讨元帅等职）为招讨使，佩金虎符，率队前往青海地区探求河源。经过四个月的跋涉探险，他们才抵达河源，通过广泛考察，查清了河源地区的地理情况，并绘制了地图。

都实的这次考察，首次搞清了河源地区的河流水文特征，以及河流名称等地理问题，指出星宿海为河源所在。《元史·地理志·河源附录》记载他们的考察成果说：

河源在土蕃朵甘思西鄙，有泉百余泓，沮洳（rù）散涣，弗可逼视，方可七八十里。履高山下瞰，灿若列星，以故名火敦脑儿。火敦，译言星宿也。群流奔辏，近五七里，汇二巨泽，名阿剌脑儿（即扎陵、鄂陵二湖）。自西而东，连属吞噬，行一日，迤逦东骛（wù）成川，号赤宾河……

这次考察，不仅第一次明确了黄河河源地区的主要支流和水文特征，而且彻底否定了汉代以来盛行的黄河“伏流重源”之说（以塔里木河为黄河上源）。特别是，在指出星宿海是河源的同时，他们还提到一条由西南往“东北流百余里”，汇为火敦脑儿的支流（《元史·地理志·河源附录》）。当时他们很可能是将它作为黄河正源来记述的，如果这一源流即是现在星宿海西南的卡日曲，那么，当时的认识与现代科学调查结果完全吻合。当然，即使不是这样，那也表明当时已注意到黄河的真正源头河流。从保存至今的元代陶宗仪《黄河源图》中，可以看出当时对河源的认识已相当清楚。

此后，明清两代也都对河源有过考察，进一步明确、丰富了黄河源的地理认识。如明洪武十五年（1382）僧人宗泐（lè）的河源调查；清康熙四十三年（1704）拉锡和舒兰的考察，以及康熙五十六年（1717）的河源地图测绘等。清代还专门修撰了《钦定河源纪略》一书。1952年、1978年我国又对河源进行了几次大规模综合科学考察，从各个方面系统认识了黄河上源的地理环境等问题，也证实都实考察成果的科学性和重要意义。

二　郑和与西洋地理新认识

（一）郑和下西洋

远在西方“地理大发现”时代以前的半个多世纪，我国伟大的航海家郑和已率领庞大的船队，在东南亚、印度洋地区进行了大规模、长达 30 年的航海活动。这不仅是中国海上探险事业的巨大成就，也是世界地理发现史上的壮举。

郑和（1371—1433？），本姓马，小字三保（亦作宝），回族，云南昆阳（今晋宁县）人。14 岁入宫作宦官，因功而升为内官监太监，赐姓郑，人称三保太监。

明初为了“扬威海外”，显示新王朝的国威浩大，同时也为了扩大与东南亚、印度一带的海上经济贸易，明成祖朱棣派遣太监郑和组织船队出航西洋。从永乐三年（1405）到宣德八年（1433）的 29 年间，郑和曾七次率船队下西洋，到达 37 个国家，足迹遍及南至爪哇，西到非洲东海岸和阿拉伯半岛间的广大地域。其中第一（1405 年 7 月—1407 年 10 月）、第二（1407 年 10 月—1409 年

8月)、第三(1409年10月—1411年7月)次航海，都到达了今巴基斯坦的印度河口一带；第四次(1413年10月—1415年8月)到达今波斯湾；第五(1417年5月—1419年8月)、第六(1421年春—1422年9月)次都到达非洲东岸赤道以南的地方；第七次(1431年1月—1433年7月)主船队止于波斯湾，分船队进入红海到麦加。也是在第七次回航中，郑和于1433年3月中旬病逝古里(今印度西南海岸科泽科德)，葬于当地山麓，年63岁。

郑和的船队庞大，人员众多，每次出海往往拥有大海船60多艘(最大的长44丈4尺，宽18丈，可载1000人)，人员达27000多人。出洋时，船只挂帆编队而行，浩浩荡荡，披风斩浪，正如郑和慷慨陈辞所示:“观夫海洋，洪涛接天，巨浪如山……而我之云帆高张，昼夜星驰，涉彼狂澜，若履街衢(qú)。”(福建长乐南山《天妃应灵之记》碑)充分表现了当时船队威武、强大、叱咤风云的宏伟气势。

他们所到之处，主要进行经济文化交流活动，通过“朝贡贸易”和“赍(jī)赐贸易”的方式，用中国的茶、丝、瓷器、金银等交换各地的香料、染料、珠宝等。以以物易物、礼尚往来的平等态度进行中外经济文化交流，深得各地人民的欢迎和崇敬。至今南洋各地仍有不少以“三宝”（郑和小名）命名的遗址，如马六甲的三宝城、三宝山；泰国曼谷的三宝庙、三宝港；印尼的三宝垄等。

郑和的大规模航海活动，不仅扩大了中外经济交流，而且在地理认识史上，也再一次扩大了中国人民对“西洋”的地理新眼界。

（二）地理新认识

随着航海活动的进行，郑和与他的助手写下了几种记录航海见闻的地理著作，记述了他们对西洋各地的地理认识，这就是《郑和航海图》（原名《自宝船厂开航从龙江关出水直抵外国诸蕃图》）、马欢的《瀛涯胜览》、费信的《星槎（chá）胜览》和巩珍的《西洋番国志》等。

《郑和航海图》是郑和及其海师在长期航海实践中所测绘和使用的海洋地图，由茅元仪的《序》、《自宝船厂开航从龙江关出水直抵外国诸蕃图》和《过洋牵星图》三部分组成，共 24 页（序 1 页，地图 20 页，《过洋牵星图》2 页，空白 1 页）。全图以忽鲁谟斯（霍尔木兹海峡）为最远点，采用一字展开式绘制而成。全图以南京为起点，最远抵达东非，所绘沿途亚非两洲地名约 500 个，其中域外地名就有 300 多个，远远超出汪大渊《岛夷志略》99 个地名的规模，其中现在可靠的主要域外地名涉及更广的范

围（见表 2）：[1]

表 2 《郑和航海图》部分主要域外地名表

《郑和航海图》地名	今地
占城国	越南同部
新洲港	越南归仁
真腊国	柬埔寨
暹罗国	泰国
交兰山	加里曼丹西南散巴角海上的盖拉姆岛
吉利闷	爪哇三宝垄海上的卡里摩爪哇群岛
爪哇国	爪哇岛
吉兰丹港	马来半岛东岸之吉兰丹
旧港	新加坡
淡马锡	马来半岛西岸马六甲
满剌加	
翠兰屿	孟加拉湾尼科巴群岛
打歪	缅甸南部士瓦
落坑	缅甸仰光

---

① 参见向达整理：《郑和航海图 · 地名索引》，中华书局，1961 年。

表 2 《郑和航海图》部分主要域外地名表　　（续表）

《郑和航海图》地名	今地
撒地港	孟加拉国吉大港
榜葛剌	印度之孟加拉
乌里舍城	印度东海岸的卡塔克
灵列补	印度东海岸的马德拉斯
锡兰山	斯里兰卡
高郎务	科伦坡
麻里溪溜	马尔代夫群岛北之岛
甘巴里头	印度南端科摩林角
小葛兰	印度西海岸奎隆
古里国	西印度卡里卡特
坎八叶城	印度西海岸坎贝
新得	巴基斯坦信德
木克郎	伊朗马克兰
查实	伊朗贾斯克角
忽鲁谟斯	霍尔木兹海峡之 Djeroun 岛
麻实吉	阿拉伯半岛东北角马斯喀特
佐法儿	阿拉伯半岛佐法尔
阿丹	亚丁

表 2 《郑和航海图》部分主要域外地名表 （续表）

《郑和航海图》地名	今地
木骨都束	索马里摩加迪沙
卜剌哇	索马里布腊瓦
麻林地	肯尼亚马林迪

马欢、费信、巩珍曾分别有几次随郑和船队出洋远航。他们以自己所到之处的见闻写成三本书，即《瀛涯胜览》《星槎胜览》和《西洋番国志》。这三本书都以郑和船队经历的国家和地区分篇，记述各国（地区）的政治、经济、军事、文化、历史、地理等情况。涉及的内容有各国（地区）之间的海程距离、辖境、地形、气候、降水、土壤、物产、种族、刑法、宗教、古迹、商业、货币、市镇、度量衡、奇珍异兽、马戏伎艺、传说故事等，内容极为丰富。如《西洋番国志》中记述的祖法儿国（今阿拉伯半岛南部阿曼佐法尔省）：

> 其国边海倚山，无城郭。东南大海，西北重山……土产乳香，其香乃树脂也……此处气候常如八九月，不热不冷。米、麦、豆、粟、稷、黍、麻、谷及诸蔬菜、瓜、茄，牛、马、

驴、猫、犬、鸡、鸭皆有。山中亦出驼鸡（即鸵鸟）……其地出骆驼，有单峰、双峰者，国人皆骑坐，亦杀卖其肉。

总之，在15世纪初的近30年间，郑和率船队7次下西洋，其活动范围从北纬32°至南纬10°；东经125°至东经40°之间，几乎占地球周长的1/4。所经历的37国中，最西到达索马里的摩加迪沙、布拉瓦，是古代中国人在西洋活动范围最大、记录最详实的一次。尤其是，在郑和成功打通经印度洋到非洲的航道半个多世纪之后的1488年，西方迪亚士才发现了有可能来东方的好望角；更迟到1498年，达·迦马才到达印度，打通了通往东方的印度航道。因此，郑和的航海活动，不仅扩大丰富了中国人的地理视野，而且是世界地理发现史上的一次壮举。

三　王士性的地理学思想

王士性（1547—1598），字恒叔，号太初，又号元白道人，明台州府临海县（今浙江临海）人。自幼家境贫寒却学习刻苦，万历五年（1577）登进士第，曾任礼科给事中、吏科右给事中、四川参议、太仆寺少卿、鸿胪寺卿等职。王士性非常喜爱游历，他利用在各地做官的机会，游历过全国许多地方，如浙江的金华、杭州、天目、雁荡、四明、普陀、会稽；河南的确山、嵩山、开封、南阳；陕西的华山、宝鸡；四川的广元、成都、重庆；湖北的太和山（今武当山）、秭归、夷陵；湖南的衡山；江西的庐山；江苏的南京、苏州；安徽的休宁、九江；北京的西山；山东的曲阜、泰山；广西的桂林；广东的肇庆七星岩；云南的昆明、大理、宾川；山西的恒山等，这些地方都留下了他的足迹。据考证，王士性曾到达过现在浙江、河南、江苏、安徽、江西、湖北、湖南、北京、陕西、四川、广东、广西、山东、山西、河北、云南、贵州等 17 个省、市、自治区，即除了福建外，明代的二都十二布政使司（即行省）他都到达过。

王士性不仅广览大好河山，而且写下了许多精彩的游记与纪游诗，结集为《五岳游草》十卷、《广游志》二卷。晚年他又对游历考察的事物进行概括和理论总结，写出了《广志绎》等著作。在这些著作中包含了他丰富的地理学思想。主要有：

（一）对人地关系理论的杰出贡献

人地关系是指人们关于人类及其活动与地理环境关系的认识，是人类认识和改造、利用地理的基本思想，很早就被人们所注意。在我国，早在先秦著作《礼记·王制篇》中，就提出了“广谷大川异制，民生其间异俗”的带有地理环境决定论的思想。而在《孟子 · 公孙丑下》中，则表现有“天时不如地利，地利不如人和”的人定胜天的思想。唐代刘禹锡还提出了“天与人交相胜”“还相用”的人地相关思想。到明代晚期，王士性对人地关系的理论又有了新的发展，更深刻地阐述了人地关系的理论。

在对浙江地区进行区域调查与研究以后，王士性指出:“杭、嘉、湖平原水乡，是为泽国之民；金、衢、严、处丘陵险阻，是为山谷之民；宁、绍、台、温连山大海，是为海滨之民。三民各自为俗，泽国之民，舟楫为居，百货所聚，闾阎易于富贵，俗尚奢侈，缙绅气势大而众庶小；山谷之民，石气所钟，猛烈鸷（zhì）愎，轻犯刑法，喜习俭素，然豪民颇负气，聚党与而傲缙绅；海滨之民，餐风宿水，百死一生，以有海利为生不甚穷，以不通商贩不甚富，闾阎与缙绅相安，官民得贵贱之中，俗尚奢俭之半。”（《广志绎》卷四）在这里，王士性认为，生活在不同的地理环境（泽国、山谷、海滨）中的人们，有着不同的生产生活方式、风俗习惯、价值观念，以及不同的庶民与缙绅关系。由此可以看出，在王士性的人地关系思想中，实际已蕴含了地理环境对文化影响的两种机制，即：一种是地理—经济—文化的间接影响机制，一种是地理—文化的直接影响机制。王士性在大约 400 年前就注意到这一点，是难能可贵的。此外，王士性还从理论上总结出人类对自然环境的态度，他说："天下事不可懦而无为，尤不可好于有为。"是说人们对自然环境的改造利用既不可无所作为，又不可盲目而为，而应遵循自然法则。这一思想已十分接近20世纪人地关系论中的适应论和生态论。

同时，王士性还注意到文化中心与地理环境变化的辩证关系。他在《广游志》中说："自昔以雍、冀、河、洛为中国，楚、吴、越为夷，今声名文物反以东南为盛，大河南北不无少让何？客有云，此天运循环，地脉移动，彼此乘除之理。余谓是则然唉。"他在分析了中国文化中心变化过程后，又说："宜今日东南之独盛也。然东南他日盛而久，其势未有不转而云、贵、百粤？"王士性为明代人，他不但注意到此前中国政治、经济、文化重心从北而南的转移，而且还推测有继续转移到岭南和西南的可能，这是相当高明的见识。

（二）区域论思想

区域观念出现很早，在石器时代的人类生产生活中就有了区域观念的产生。当时的人们已注意到一个地区与另一个地区的不同。到了汉代，司马迁等人的中国区域认识与划分已相当准确。到了明代，我国的区域观念与区域实践都有了很大发展。王士性关于明代政区划分的分析，就是其中的代表之一。

明代政区分为二都十三布政司，即南京和北京二京，山东、山西、河南、陕西、四川、江西、湖广、浙江、福建、广东、广西、云南、贵州十三布政司。王士性在分析各政区与自然地理的关系后，认为明代的政区基本与自然区相重合是非常合理的。如称山西（晋中）："太行数千里亘其东，洪河抱其西，沙漠限其北，自然一省会也。"（《广游志》卷上）同时，王士性也注意到非地理因素在明代政区划分中的作用，如他认为"独中原片土莽荡，数千里无山，不得不强画野以经界之"，就讲了人为因素对行政区划的影响。同时，他还认识到，明代的省级行政区划也存在着不尽人意的地方。如湖广省就是如此，他在《广志绎》卷四江南诸省中说到：

湖广在春秋战国间，称六千里大楚，跨淮、汝而北之，将及河。本朝分省，亦惟楚为大。其辖至十五郡，如郧（yún）之房、竹山，荆之归、巴东，与施、永、偏桥、清浪等卫所，动数千里，入省逾月，文移之往复，夷情之缓急，皆所不便。而辰、永督学，屡合屡分；郧、沅开府，或罢或兴，黎平生儒，此考彼试种种非一。况贵竹、粤西两省杂以猺僮夷苗，主以卫所，间以土酋。咸不成省。

在分析了湖广省因地广人杂等引起的种种不便以后，王士性接着提出了解决的办法，他认为应将辰州、沅州、靖州分属贵州，永州、宝庆、郴州分属粤西。到清代便将湖广分为湖南、湖北两省了，至今变化不大。

王士性在实际考察的基础上，还将浙江分为浙东、浙西两大文化区域和宁绍、金衢、台温处三个文化亚区。其划分基本符合浙江地区的历史事实，至今仍有借鉴意义。

此外，王士性的区域观念，还表现在他的地理著作都是分区域来写的。在他的代表作《广志绎》中，除卷一《方舆崖略》讲全国情况外，其余各卷记述分区情况。即，卷二《两都》地区、卷三《江北四省》地区、卷四《江南诸省》地区、卷五《西南诸省》地区。在他的另一部地理著作《五岳游草》中，也是除卷一《岳游上》、卷八《岳游下》外，其他各卷均按地区记载，分为《大河南北诸游》《吴游》《越游》《蜀游》《楚游》《滇粤游》。

（三）中国山脉体系的“三大龙”观念

中国古代很早就将蜿蜒的山脉形容为想象中的龙体，所以，自《禹贡》关于中国山系的“四列”观点后，便有了许多不同的山系“龙脉”思想。如唐代开元年间僧一行提出的山河两戒说（即两大山系）、唐末五代杨益《撼龙经》中的山系四派说、宋代朱熹的三大龙说等。到了明代末年，王士性经广泛的游历和博览群书，在批判继承中国古代的山脉体系观念的基础上，提出了更为详细合理的中国山系三大龙说，使中国古代山系学发展到一个新的阶段。据《广游志》卷上载，王士性的中国“三大龙”观念是：

> 昆仑据地之中，四傍山麓，各入大荒外。入中国者，一东南支也。其支又于塞外分三支：左支环虏庭阴山、贺兰，入山西，起太行数千里，出为醫（yī）巫闾，渡辽海而止。为北龙。中支循西番入趋岷山，沿岷江左右。出江右者，包叙州而止；江左者，北去趋关中。脉系大散关，左渭右汉，中出为终南、太华。下秦山起嵩高，右转荆山，抱淮水；左落平原千里，起泰山入海。为中龙。右支出吐蕃之西，下丽江，趋云南，绕霑（zhān）益、贵竹关岭，而东去沅陵。分其一由武冈出湘江西，至武陵止；又分其一由桂林海阳山过九嶷、衡山，出湘江，东趋匡庐止；又分其一过庾岭，度草坪去黄山、天目、三吴止；过庾岭者，又分仙霞关，至闽止。分衢为大盘山，右下括苍，左去为天台、四明，渡海止。总为南龙。

杨文衡先生曾将王士性的“三大龙”观点列成简表（表3）如下，可以清楚地表明各山系的渊源关系。

表 3　王士性三大龙说简表

- 昆仑
  - 一支入大荒外
  - 一支入大荒外
  - 一支入大荒外
  - 东南支入中国
    - 北龙：虏庭—阴山—贺兰—太行—毉巫闾—辽海
    - 中龙：西番—岷山
      - 叙州
      - 关中→大散关
      - 终南山→太华山→秦山→嵩山→
        - 荆山—淮水
        - 泰山—入海
    - 南龙：吐蕃→丽江→云南→霑益→贵竹→关岭→沅陵→
      - 武冈—湘江—武陵
      - 桂林海阳山—九嶷—衡山—匡庐
      - 庾岭—草坪—黄山—天目—三吴
      - 庾岭—仙霞关—闽
      - 庾岭—大盘山
        - 括苍
        - 天台—四明—入海

在现代科学中，山系是沿一定方向延伸的，是在成因上相联系而有规律分布的若干相邻山脉的总称。王士性的山系划分虽然与现代科学的山系概念有较大差距，但是，他提出“以水为断”的划分原则，划分的山系除东南丘陵地区有较大误差外，其他地区都基本符合中国实际，这在当时和以后相当长时间内都是中国古代山脉学的代表思想，具有重要意义。

四　徐霞客的地理考察与贡献

（一）徐霞客与《徐霞客游记》

徐霞客（1587—1641），名弘祖，字振之，号霞客，南直隶江阴（今江苏江阴）人。明代末年杰出的旅行家和地理学家。

徐霞客以毕生精力进行旅游和地理考察。他自明万历三十五年（1607 年，时年 22 岁）始游太湖，到崇祯十三年（1640 年，时年 55 岁）因病返回家乡的 33 年中，足迹遍及我国现在的江苏、上海、浙江、山东、河北、天津、北京、山西、陕西、河南、安徽、江西、福建、广东、湖南、湖北、广西、贵州、云南等 19 个省、市、自治区，达 10 万余里路程。他不仅观览名山大川的自然美景，而且以日记的形式记下每天的地理、人文见闻，写成《徐霞客游记》一书。遗憾的是，《徐霞客游记》在他生前并没有来得及成书，他死后才由别人整理成篇，加上后来相互传抄，使原稿缺失很多。因此，我们现在看到的《徐霞客游记》并不是每天、每地都有日记记述（见表 4）。

表 4　徐霞客游迹游记对照表

年份	年龄	游迹	游记
万历三十五年（1607）	22	游太湖	无游记
万历三十七年（1609）	24	游泰山、孔陵孟庙、北入京	无游记
万历四十一年（1613）	28	宁波渡海游落迦山（普渡），并游天台、雁荡	天台、雁荡有记，别无记
万历四十二年（1614）	29	冬游南京	无游记
万历四十四年（1616）	31	春游白岳、黄山，夏入武夷、九曲，秋游山阴、西湖	白岳、黄山、武夷（附九曲）有记
万历四十五年（1617）	32	奉母游宜兴荆溪等	无游记
万历四十六年（1618）	33	游庐山，再游黄山	分别有记

表 4　徐霞客游迹游记对照表　　（续表）

年份	年龄	游迹	游记
泰昌元年（1620）	35	游仙游之九鲤湖，观浙江湖	九鲤湖有记
天启三年（1623）	38	游嵩山、太华及太和山	分别有记
崇祯元年（1628）	43	游福建，南至罗浮	闽游有记
崇祯二年（1629）	44	游北京及盘山	无游记
崇祯三年（1630）	45	再游福建	有游记
崇祯五年（1632）	47	再游天台、雁荡	分别有记
崇祯六年（1633）	48	取道北京，游五台山、恒山	五台山、恒山有记
崇祯九年（1636）	51	游浙江、江西	分别有记
崇祯十年（1637）	52	游湖南、广西	分别有记
崇祯十一年（1638）	53	游广西、贵州、云南	分别有记
崇祯十二年（1639）	54	游云南	有游记
崇祯十三年（1640）	55	从云南病返家乡	无游记

徐霞客出生于一个世代书香的家庭，自幼聪颖好学，爱读地理、历史书籍，尤其喜欢游记之类，立志将来要游遍天下名山大川。徐霞客的母亲很支持儿子的志向，当徐霞客22岁第一次出游太湖时，他母亲便亲自为他远行缝制衣帽，以壮行色，还鼓励他身为男儿，应当志在四方，以坚定徐霞客出游的决心。万历四十五年（1617）徐霞客的妻子许氏病逝，他由外地回家居住侍奉母亲，而他母亲以70多岁高龄，让徐霞客陪她去江苏宜兴旅游，再次以实际行动鼓励儿子继续完成自己的旅行考察计划。在母亲的勉励下，第二年他又开始了旅行考察生活。

徐霞客的旅游方式非常简单，早年旅行往往和一位亲友结伴而行，后来则常和熟识的僧人静闻一道，带一二位仆人同行。除了偶然乘船外，主要依靠徒步跋涉，途中一般投宿寺庙中住宿食斋。但常常为探寻名胜、考察山脉的走向形态、观察河流源渊流经，以及各种地理问题，而不得不深入人迹罕至的莽林、洞穴，经常风餐路宿，不避风雨。清代学者潘次耕在《徐霞客游记·序》中曾生动地描述了徐霞客旅途的艰辛和精神。他说：

闽、粤、冀、蜀、滇、黔、百蛮荒徼（jiāo）之区，（徐霞客）皆往返再四。其行不从官道，但有名胜，辄迂回屈曲以寻之。先审视山中，就包含有重要的地理学思想。

黄河流经黄土高原地区，河流含沙量极高，造成下游经常泛滥、徙决、改道的严重局面，直接威胁着黄河中下游地区人们的生命财产，甚至国家的政治经济安危。所以，我国历代政府都将治理黄河，尤其是防治下游河流徙决改道作为头等大事，出现了很多著名的治河专家，其中又以潘季驯的治河理论和实践尤为著名，并一直影响到清代陈潢、靳浦的治河策略方针。这就是潘季驯创立的“筑堤束水，以水攻沙”的治黄理论。

不难看出，潘季驯这一理论是建立在对河流搬运力与流量、流速关系这一地理学基本原理基础上的。即：正确认识到河流流速、流量愈大，则搬运泥沙（冲积）能力愈强这一地理学基本原理（水力学规律）。

其实，这一地理学理论早在公元1世纪初的王莽时代，张戎在谈论黄河淤沙时就已正确指出（《汉书·沟洫志》）。遗憾的是后来各代治理黄河都不大重视这一地理理论的应用，而常常采取分流以煞水势的办法，违背河流特性。直到潘季驯时，才再次认识到这一理论对治河的重要性。在《河防一览·河议辨惑》中，他分析道：

> 水分则势缓，势缓则沙停，沙停则河饱，尺寸之水皆由沙面，止见其高。水合则势猛，势猛

> 则沙刷，沙刷则河深，寻丈之水皆由河底，止见其卑。

因此，他认为：

> 筑堤束水，以水攻沙，水不奔溢于两旁，则必直刷乎河底，一定之理，必然之势，此合之所以愈于分也。

在这里，他的筑堤已不是消极的防御，而是积极的导治。为了更有效地“束水”，他还根据不同的地形、地势，制定了相应的筑堤规则及要求等具体措施。结果，由于这一建立在科学理论基础上的治黄方略的实施，不仅使河道刷深，而且改变了海口积沙高仰的形势，为黄河入海开辟了道路，取得了治黄的很大成效。

潘季驯治黄理论的建立，不仅表明我国人民很早就对流水冲积与侵蚀这一地理理论有了正确的认识，而且充分说明我国很早就将这一地理理论正确地应用在生产实践中。

岩洞穴系统，指出它是由两大洞府、6 个洞天、15 个岩洞组成，并详述了它们之间的相互关系。今天不仅 15 个洞口都可以找见，而且他当时的记述与 20 世纪 50 年代科学测绘的七星岩平面图基本一致。可见他对地下岩溶地貌（溶洞）的观察记录，是相当准确的。此外，他还将溶洞分为藤瓜式、楼阁式、深井式等几种类型。

第四，对岩溶地貌成因的分析

与过去的岩溶地貌观察记录不同，徐霞客不仅以准确的文字描述岩溶地形的各种形态和分布，而且也注意对岩溶地貌成因的探讨分析。例如，他指出漏陷地形（漏斗、落水洞等）是由于流水的侵蚀或溶陷崩塌而形成的。四坡陡崖的石山成因，他认为是由于石山上部崩塌，石山下部受流水侵蚀，上下夹攻而成崖。关于钟乳石的成因，则明确指出“盖石膏日久凝结而成”等等。这些都是极富科学性的见解。

徐霞客除了在岩溶地貌方面的重要贡献外，关于长江源流问题、盘江上源问题等，也都提出了重要见解。

长江源于青海，为我国第一大河，其上游为通天河、金沙江，这是我们现在非常清楚的地理常识。可是，古代却不这样认为。自先秦《禹贡》中有“岷山导江”的说法后，人们长期以来将长江支流岷江当作长江的上源。这种观念一直流传到明代。

然而，徐霞客却对这一传统观念提出了疑问。徐霞客经过多年的各地地理考察，认为江水浩大，以小小的岷江作为长江源流，难以令人信服。于是他分析考察资料，写成《江源考》一文，专门论述长江源流问题，以确凿的资料否定了传统说法，第一次正式提出金沙江以上才是长江的正源。

关于西南地区的南、北盘江的上源问题，他也有所考察研究，写有《盘江考》一文。在这篇文章中，除有个别地方错误外，观点基本上正确。他指出：过去《大明一统志》把火烧铺、明月所二水（今贵州盘州市西）作为南、北盘江上源，实际上是把支流当成了正源。进而指出：北盘江的正源应当是可渡河；南盘江的正源应当是云南霑益以北炎方驿附近的交水。

正是由于徐霞客在地理学方面有许多卓越的见解，所以，他不愧为我国古代杰出的旅行家和地理学家。

五　潘季驯治黄理论中的地理思想

潘季驯（1521—1595），湖州府乌程县（今浙江省湖州市吴兴区）人，我国明代督河大臣，著名的水利学家，先后四次奉命督河，历时 27 年，成绩卓著，在我国历代治黄史上占有重要地位。在他的治理黄河河道的理论方略

第一，厘定岩溶地貌的类型及名称

徐霞客将岩溶地貌中的许多地形给予归类命名，加以规范化，形成一套特有的岩溶地貌概念系统。如称落水洞地形为“眢（yuān）井”；圆洼地（漏斗地形）称“盘洼”或“环洼”；石芽、石沟地形称“石脊”或“石齿”；干谷地形称“枯涧”，并用“石山”一名代替唐宋以来用岩、峰、崖等不同名称对峰林地形的称呼。这种厘定类型及名称的过程，也就是研究趋向科学化的过程。

第二，关于西南岩溶地貌发育的区域特征认识

徐霞客经过考察，首次明确了我国西南地区峰林石山的分布范围是：东自湖南道州（今湖南道县），西至云南罗平，南入广西境内。同时他还注意到石山峰林发育在各地的差异性，指出分布在云南、贵州、广西三省的峰林石山地貌的区域差异特征。在《徐霞客游记》卷五（上）中，他说：

> 粤西之山，有纯石者，有间石者，各自分行独挺，不相混杂。滇南之山，皆土峰缭绕，间有缀石，亦十不一二，故环洼为多。黔南之山，则界于二者之间，独以逼耸见奇。滇山惟多土，故多壅流成海，而流多浑浊，惟抚仙湖最清。粤山惟石，故多穿穴之流而水悉澄清。而黔流亦介于二者之间。

徐霞客画像

现在看来，徐霞客的这一观点确实相当正确，表现了很强的地貌类型和区划思想。

第三，对地下岩溶地貌的观察研究

徐霞客是古代考察岩溶洞穴最多的地理学家之一。他考察的洞穴有300多个，对洞穴的形态特点、洞内石钟乳等小地形的空间分布等，都进行了详细记录，甚至专门测量各种数据，使记录更为精确。如他考察记录的桂林七星

> 脉如何来去，水脉如何分合，既得大势后，然后一丘一壑，支搜节讨。登不必求径，荒榛密箐（qìng）无不穿也；涉不必有津，冲湍恶泷（lóng）无不绝也。峰极危者，必跃而踞其巅；洞极邃（suì）者，必猿挂蛇行，穷其旁出之窦。途穷不忧，行误不悔。瞑则寝树石之间，饥则啖（dàn）草木之实。不避风雨，不惮虎狼，不计程期，不求侣伴。

事实正是这样。如他晚年在西南旅行考察，就曾两次遇盗，三次绝粮，所带的一个仆人也在关键时刻逃跑了。然而，他仍泰然处之，不改初衷。每天坚持徒步几十里山路，睡前还要坚持写游记，即使在荒野露宿，他也要设法点燃松枝照明，把当天的游记写完。

他一路广交当代名士，相互勉励、互相学习，参与撰写地方志等工作。崇祯十三年（1640）在云南鸡足山时，他的脚病加重，难以行走，丽江木土司（太守）便派人用山轿送他回家，五月到达湖北黄冈，又经那里的官府用船送到江苏江阴家乡。次年正月（1641 年 2 月）病逝家中，终年 56 岁，死后葬南旸（yáng）岐村。现在在他的家乡建有徐霞客纪念堂，以纪念他热爱祖国、献身科学、尊重实践的精神和对地理学的贡献。

（二）徐霞客的地理贡献

徐霞客早年的旅行尚以名山大川的游赏为主，晚年的旅行已不满足于探幽访故的一般性旅游，而是以实事求是的态度进行认真的地理考察，作学术上的探索。所以，他对地理学认识的记录是多方面的，尤其是他对晚年旅游的我国西南亚热带岩溶地貌的观察、研究，有着突出贡献。

岩溶地貌是石灰岩地区在流水侵蚀下形成的一种特殊地貌，又称“喀斯特地貌”，在我国云贵高原地区极为发育。关于岩溶地貌中的溶洞、石钟乳、峰林等地形特点，我国很早就有认识和记录。从春秋战国时期的《山经》、三国时张勃的《吴地记》，南北朝时郦道元的《水经注》、沈怀远的《南越志》，到唐代莫休符的《桂林风土记》，都有不少记载。特别是南宋范成大的《桂海虞衡志》中的“志岩洞”，更是作者考察桂林郊区 20 多个岩溶洞穴的记录报告。稍后南宋周去非的《岭外代答》中也有很多记述。但是，能对岩溶地貌进行广泛的实际考察，并从岩溶地貌的地表形态、地下形态（洞穴）、分布特点等方面进行系统分析、记录的，则首推徐霞客；试图对岩溶地貌进行科学描述和系统理论分析的也首推徐霞客。他的贡献表现在：

> 此皆人事，于天地之故，概乎未之有闻也。余意于疆域之前别添数条，先以诸方之北极出地为主，定简平仪之度，制为正切线表。而节气之后先、日食之分秒、五星之凌犯占验，皆可推求。

他这里的“天地之故”，即指地球表面的自然规律。他首次对我国古代地理学重沿革、古迹、城池等“人事”传统的治学、著作体系，提出了反对意见，认为讲那些内容是不够的，还必须注意自然地理规律的研究和记述。而关于改革地理学，使之科学化的具体方法，他提出在区域地理著作的“疆域”记述之前，亦即地理著作的开头，先根据北极星高度与地平线角度，求出该地的经纬度表，然后就可以根据经纬度的差异来推求各地节气的早晚等自然规律。

刘献廷的这一思想，无疑对改变我国古代地理学的沿革地理传统，促进地理学趋向近代化、科学化，有着积极的意义。然而，他的观点和思想并不为当时人们所重视，甚至在他死后不久的乾嘉时代，反倒兴起了一个更趋向沿革古迹“人事”化的沿革地理学热，使以沿革地理为主要特征的中国古代地理学得到更大的发展。

顾祖禹（1631—1692），字复初，号景范，以居处近宛溪而又称宛溪先生，明末清初的历史地理学家。他以毕生精力著《读史方舆纪要》(130卷，另附《舆图要览》4卷，共计280万字)，书中详列各地山川险要、形势利害、考订古今郡县沿革变迁等，是一部集大成的历史地理著作。他在历史地理研究中，就地理学的基本理论问题提出了“人地相关”的见解。他认为山川形势对人类的政治、军事、经济活动固然有很重要的作用，但也绝不能忽视人的作用，其实真正起作用的是人为的条件，是人对自然的主观能动作用。如在《读史方舆纪要·总序》中，他列举历史上人地相关的历史事件进行分析后，概括总结说：

> 知求地利于崇山深谷、名城大都，而不知地利即在指掌之际，乌足与言地利哉！

这种地理思想出自他大量历史事件研究的基础之上，而且在17世纪初就明确提出，充分代表了当时较先进的地理认识水平。

孙兰，生卒年不详，明末清初地理学家，字滋九，一名御寇，自号柳庭。著有《柳庭舆地隅说》《大地山河图说》《古今外国地名考》等。在自然地理规律与学科发展方面，有许多重要见解。

孙兰在关于革新中国古代地理学传统方面，也提出了藏布兰木占巴等绘制的西藏图补入总图中。《乾隆内府舆图》（又名《乾隆十三排图》）是在《皇舆全览图》的基础上，吸收了新疆等地的新测量成果，于乾隆二十五至二十七年（1760—1762）绘制，也是采用经纬度和投影法制成的地图。它所涉及的范围约大于《皇舆全览图》一倍，图上的地理范围：以中国为中心，西至波罗的海、地中海，北至俄罗斯北海，南至琼岛（海南岛），东至海。是一幅真正意义上的亚洲地图。

这些在大地测量基础上编制的地图，不仅是制图技术进步的标志，无疑也是当时对中国及其周边地区地理深入认识的一个标志。它比过去任何时代都要深入、仔细。例如世界最高峰珠穆朗玛峰就是在康熙时代测量时，首次被明确载入地图的。这要比印度测量局的英国测量员额非尔士对珠峰的测量（1852）早135年。

此外，配合清初大地测量还有两种重要的地理观念产生。一是在总结实测经纬度数据的基础上，为了制图计算方便，规定以当时的工部营造尺（1尺 = 0.317米）为标准，1800尺（即180丈）为一里，即每尺刚好合经线百分之一秒。把长度单位与地球经线每度弧长联系起来，这在当时是一个创举，是以球形体来确定尺度的最早尝试，比18世纪末法国人以赤道长度来规定米制要早约80年。另一件事是，在康熙时的测量中，通过对穿过中央子午线的霸州（39°N）至交河（38°N）间弧长，与东北齐齐哈尔以南，41°N—47°N 同一经线上的弧长的比较，发现东北地区 1 度的弧长比交霸间 1 度的弧长要长，而且越向北经线 1 度的距离越长。这种经线不等距的发现，实际上是最早为“地球扁圆说”提供的实证资料。

（二）新的地理思想

由于受西方科学地理学原理和方法的影响，以及长期的地理知识积累，清初出现了几位具有先进地理思想的著名地理学家——刘献廷、顾祖禹和孙兰。他们在学科发展、人地关系、自然地理理论等方面，都各有新的见解。

刘献廷（1648—1695），字继庄，又字君贤，自号广阳子，顺天府大兴（今北京大兴区）人。他主张经世致用、学以致用和经济天下，认为学问不应只满足于了解一些书本知识。他对礼乐、医术、法律、农桑等都有钻研，而以对地理的见解最为重要。针对中国历代地理著作重沿革、人文，且偏重描述的特点，他提出地理学必须科学化，必须注意自然地理规律的探讨。他在《广阳杂记》卷三中说道：

> 方舆之书所纪者，惟疆域、建置沿革、山川古迹、城池形势、风俗职官、名宦人物诸条耳。

如通过他的地图，人们了解了有关地球说和寒、温、热带的划分；了解了整个世界地理概貌：当时已将世界分为五大洲，即欧罗巴（欧洲）、利未亚（非洲）、亚细亚（亚洲）、南北亚墨利加（南北美洲）、墨瓦蜡泥加（南极洲），同时还把五大洲的位置及四邻界址作了扼要说明；各洲之上还标出了汉语国名，河、湖、海、岛名称。其中一些名称延用至今，如地中海、尼罗河、罗马尼亚、罗马、古巴、大西洋、加拿大、南极、北极、地球、经纬线、赤道、北极圈等。此外，他还以科学方法测定了中国许多地方（如北京、杭州、西安、太原等）的经纬度，指出绘图中经纬度的重要性以及经纬度的表示方法等。

利玛窦之外，其他传教士如蒋有仁、艾儒略、南怀仁等也都向中国介绍了不少新的地理知识，扩大了清初人们的地理视野，也提高了投影法、经纬度测量在地图制作中的重要性和意义。

正是在这种新知识的刺激下，清初康熙、乾隆两朝采用西方科学方法，进行了两次大规模的全国大地经纬度测量和地图编制工作。

自康熙四十六年（1707）在北京附近试测并绘制地图，到康熙五十六年（1717）康熙皇帝聘请外国传教士雷孝思、杜德美、白晋等人率领中国测绘人员，进行了历时10年的中国第一次大规模全国大地测量工作。共测绘了全国 641 个（未计西藏）经纬度基点，其中北直隶 48 处，江南 37 处，山西 28 处，山东 28 处，浙江 30 处，河南 29 处，江西 30 处，陕西 28 处，湖广 54 处，四川 28 处，广东 37 处，海南岛 7 处，贵州 25 处，福建 30 处，云南 30 处，蒙古 93 处，辽东 8 处，广西 28 处，台湾 7 处，吉林、黑龙江 36 处。此外，还派在钦天监学习过数学的喇嘛楚儿沁藏布兰木占巴等前往西藏进行测量（后因遇叛乱骚扰，到恒河源后便停止了）。因为西北地区新疆准噶尔贵族叛乱，所以当时的测量只限于哈密。到乾隆时期，平定了新疆等地叛乱后，即开始了第二次对全国经纬度的测量。这次主要工作是：在内地调整测绘了一些经纬基点；两次（1756、1759）补测了新疆地区的经纬点，获得哈密以西至巴尔喀什湖以东、以南地区约 90 个点的经纬度数据。

利用这两次大地测量数据，采用经纬度和投影法，清初先后编绘了两种全国地图，即康熙五十六年至五十七年（1717—1718）制作的《皇舆全览图》和乾隆时期的《乾隆内府舆图》。《皇舆全览图》以经过北京的经线为子午线，图幅范围由子午线向西 40 多度，向东至东海，北到北纬 55 度，包括内地各省以及东北各省、内外蒙古、台湾及哈密以东地区。全图由 28 幅分图组成，比例尺为 1∶40 万—1∶50 万。康熙五十八年（1719）又将楚儿沁

第五章

从地理著作的校勘到地理教科书的编写

——清代地理学成就

在清朝统治的260多年间（1644—1911），中国封建社会经历了由强盛走向衰落的过程。在这一时期内，与政治形势的变动相关，地理学界亦出现了显著的变化：随着明末清初西方地理知识的传入，出现了一些新的地理思想和大规模的新法大地测量；稍后，专制统治的强化，考据学的兴起，又促进了传统舆地学的发展；而到清代后期，列强对中国社会政治经济的冲击，则激发了近代地理学在中国的萌芽。

一　清初的地理学新思想与地理成就

（一）大地测量与地理认识

明末清初，不少西方基督教传教士远渡重洋，来到中国进行传教活动。为了取得中国士大夫的信任，他们也不断将西方的科学技术知识介绍给中国人。如明万历初年来华的意大利传教士利玛窦（1552—1610）就曾绘制了多种世界地图（如《山海舆地全图》《坤舆万国全图》等），介绍西方地理知识和成就。他的地图是运用西方科学的地球球体观念、经纬度和科学投影法来绘制，同时又吸收了地理大发现的新知识，因此，他的地图就给中国人带来一个新的世界形象，给中国人的地理观念和认识以很大冲击。

（一）古代地理著作的整理校注

我国古代地理著作很多，成书时间也较早，在长时间的流传中，主要靠相互传抄、翻刻，所以，到清代，各种古代地理著作的版本就比较多，相互之间都有缺漏、差异，甚至造成意思上的矛盾。加之我国上古、中古语言文字变化较大，使后人对前人著作的理解因时代而不同。这些都为后人的阅读造成极大困难。因此，由乾隆时代兴盛的“考据”学派，其最主要的工作，首先便是对古代著作进行文字、版本上的整理、校勘和意义（内容）上的注释。在地理学方面，用功最大、成绩最著者，主要是对《禹贡》《山海经》《水经注》以及历代“正史”《地理志》的校勘、注释。

关于《禹贡》的校勘，主要有胡渭、徐文靖、朱鹤令、丁晏等。胡渭搜集历代方志舆地著作史料，对《禹贡》的内容进行详细的考释注解，还对所谓“禹河”（传说大禹治水之后的黄河下游河道）在历史上的迁徙，以及汉、唐、宋、元、明代黄河河道，进行了精密的考证。著有《禹贡锥指》20 卷，地图 47 幅。晚于胡渭的徐文靖在胡渭研究的基础上，又旁征博引，参校其他版本著作，写成《禹贡会笺》12 卷，总汇各种校注成果。胡渭、徐文靖的著作在校勘《禹贡》中，最为重要，考释详细繁多。

此外，在他们之前的朱鹤令曾写过《禹贡长笺》一书，校注《禹贡》；晚于胡渭、徐文靖的则有丁晏、程瑶田等关于《禹贡》的研究。丁晏著有《禹贡锥指正误》，以指明胡渭校注中的一些错误；程瑶田著《禹贡三江考》，主要考释长江。

关于《山海经》的校勘，主要有毕沅的《山海经新校正》18 卷；郝懿行的《山海经笺疏》18 卷。毕沅主要对《山海经》的篇目、文字、山川等进行了考证。尤其是在山川方面，加强了地理内容的考释。郝懿行较毕沅晚，他的著作除文字等校释外，对山川、方位等论证，多与毕沅相同。

清以前的二十四部"正史"中，十六部有《地理志》，清代学者对这些"正史"《地理志》进行校勘、注释的人很多，著作也很多。主要有：钱坫（diàn）撰、徐松集释的《新斠（jiào）注汉书地理志集释》十六卷；汪远孙《汉书地理志校本》二卷；陈澧《汉书地理志水道图说》七卷；洪颐煊《汉志水道疏证》四卷；徐松《汉书西域传补注》二卷；吴卓信《汉书地理志补注》一百零三卷；毕沅《晋书地理志新补正》五卷；杨守敬《隋书地理志考证附补遗》九卷等。在清代校注"正史"《地理志》的学者中，尤以清末丁谦的校注考证最为丰富和著名。丁谦刊行于世的"正史"地理考证著作就有十七种三十五卷，对上体”“五难”“八忌”“四要”等观点。

“史家法度”是指修志人应具备的基本素质要求。即所谓“三长”：识足以断凡例，明足以决去取，公足以绝请托。“三书”“四体”是章学诚所设定的志书门类。他说：“凡欲经纪一方之文献，必立三家之学，而始可以通古人之遗意也。仿经传正史之体而作志，仿律令典例之体而作掌故，仿《文选》《文苑》之体而作文征。三书相辅而行，缺一不可；合而为一，尤不可也。”而“志”为主体。按其记述内容又可分为“四体”，即：“皇恩庆典宜作纪，官师科甲宜作谱，典籍法制宜作考，名宦人物宜作传。”即认为一部志书的体例，应分志、掌故、文征三部分，其中“志”下，又分纪、谱、考、传四门。志下四门分别记述有关庆典、科甲、法制、人物事迹。掌故是有关一方典章制度的原始记录；文征则是地方文献的汇辑。

“五难”“八忌”“四要”是指在修志时，注意克服清晰天度难、考衷古界难、调剂众议难、广征藏书难、预杜是非难（五难）；排除“八忌”，忌条理混杂，忌详略失体，忌偏尚文辞，忌妆点名胜，忌擅翻旧案，忌浮记功绩，忌泥古不变，忌贪载传奇；达到“四要”，即要简、要严、要核、要雅。

稍晚于章学诚的邹汉勋对方志编修也进行了实践和理

论总结。他纂修过《贵阳府志》《安顺府志》《大定府志》等。在理论方面，他认为：纂修地方志应仿《禹贡》《汉书·地理志》例，以行省统府州，以府州统州县，以州县统乡里，以乡里统村；并应详记四至八到、山川、津梁、关隘、水利、镇市、寺观；山川要详其源流、脉络、流域。关于艺文志的编纂，他主张仿《汉书·艺文志》法，详载郡中著述，录其序跋，略作提要。他对立传的标准提出：贤达以仕迹为断，文学以著述为断，封赠以诰轴为断，耆宿、行宿、孝友、忠义皆以事实为断。

三　古代地理著作校勘的成就

明末清初，以顾炎武、顾祖禹等为代表，提倡"经世致用"的学术新风，极力主张做学问要为社会服务，要探求科学规律。但是，从不久的雍正时代开始，清政府为了加强封建专制统治，严禁人们评议时政，制造了几起骇人的"文字狱"，迫使学者走向脱离现实、埋头书案的古籍整理工作，终于形成以文献校文献的整理、校注古代典籍的乾嘉"考据"学风，并一直影响到清末的许多治学工作。这时的地理学研究也不例外，亦出现了校勘、注释、整理、补作古代地理著作的高潮，以致成为清代地理学的主要成就和发展特点。

著作基础上，曾对方志修纂方法、原则有所论述，后人将他的修志要点概括为以下五点：①修志的人要有一定的学识；②要网罗天下志书做参考；③要深入现场进行调查研究，反复勘对，必得其实而后止；④要有充裕的时间；⑤文字要通俗易懂。雍正时，方苞在《与一统志馆诸翰林书》中，阐明了修志的许多原则，其中主要包括：①体例必须统一；②由博返约，提倡简明扼要；③强调资料的可靠性。

（二）戴震等考据地理派修志理论

考据地理派的代表人物，主要有戴震、钱大昕、孙星衍、洪亮吉等人。他们的主要修志理论和方法，就是倚重考据学的“崇古薄今”思想和“铨释故训，究索名物”的方法，认为地方志即是地理沿革考证。所谓：

> 一方之志，苟简不可，滥收亦不可。苟简则舆图疆域。容有不祥……滥收则或采传闻，不搜载籍，借人才于异地，移景物于一方，以致以讹传讹，误中复误。……撰方志之法贵因不贵创，信载籍而不信传闻，博考旁稽，义归一是（洪亮吉：《更生斋文续集》卷二）。

所以，洪亮吉所撰《乾隆直隶邠州志》，虽记载了今陕西彬州、旬邑、淳化、永寿的州县建置、沿革、山川、水利、公署、驿庙、古迹、大事、兵驿、人物、风俗等方面的情况，取材也较为广泛，却重视古代材料，轻视当代材料，尽管考据精详，而对当时的一些政治经济社会状况记述极少或脱漏。他修志所制定的类目，更是以前人的撰著为依据，如其“舆地记”，系仿周舆地图记簿；“职官表”，系仿班固《百官公卿表》等；“会计簿”，系仿宋李常《元祐会计录》等；“衙署志”，系仿宋无名氏《衙署志》；“先贤传”，系仿魏明帝《海内先贤传》等；“列女传”，系仿刘向《列女传》；“金石录”，系仿宋赵明诚《金石录》等。

（三）章学诚与方志史志学派

与考据地理派同时，有以章学诚等为代表的方志史志学派。他们对方志属性、编撰理论、方法等都有系统论述。

章学诚提出了方志是史，是一地区全史的观点。他明确指出：“志乃史载”，“方志为国史要删”，“部府县志，一国之史也”，“志乃史体”等，并对戴震“志以考地理”的观点进行了辩驳。在具体进行方志编纂的方法、理论上，提出了所谓“史家法度”；体例上提出“三书”“四要进行地理规律（即所谓“说”）的探讨。在《柳庭舆地隅说》自序中，他首先指出了古代传统地理学的志、记与“说”的区别，指出：

> 志也者志其迹，记也者记其事。说则不然，说其所以然，又说其所当然，说其未有天地之始与既有天地之后，则所谓舆地之说也。

“说”的内容包括有：

> 何以为山，何以为川，山何以峙，川何以流，人何以生，国何以建，山何以分支别派，川何以输泻传流，古今何以递变为沿革，人物何以治乱成古今。

显然，孙兰这种强调重视自然地理、人文地理规律研究的思想，与刘献廷革新中国古代地理学传统的思想一样，代表了当时的进步地理学思想。

二　地志撰著的重视与相关理论

清王朝非常重视方志的修纂工作。清初康熙十一年

（1672），为配合《一统志》的编修，康熙帝就曾命各省督抚聘集宿儒名贤接古续今，纂修各省通志，同时将顺治十八年（1661）河南省巡抚贾汉复主修的《河南通志》颁著天下为式，促进了一大批地方志著作的出现。据陈正祥教授估计，目前世界上有中国地方志著作约 11000 种，而见于《中国地方志综录》的至少有 8000 多种，其中清代约有 5518 种。由此可见，清代是中国地方志的一个重要发展时期。

这一时期结合方志的编修，许多学者进行方志理论的探讨，并逐渐建立起一套方志学理论体系。当时著名学者如钱大昕（1728—1777）、孙星衍（1753—1818）、洪亮吉（1746—1808）、戴震（1723—1777）、章学诚（1738—1801）等，都发表过有关方志学的理论见解，参加过具体的方志编纂实践活动，使这一时期的方志学不仅在编纂数量上，而且在理论上，都得到了长足的发展。

关于方志理论的阐述，清初顾炎武、方苞等就有论述，到乾隆大修方志时，有关修志理论方法便更受重视，并逐渐形成了所谓考据地理派和方志史志派两大学术派别。

（一）清初顾炎武、方苞的修志原则

清初顾炎武在编写《天下郡国利病书》《肇域志》等

从《西域水道记》所列湖泊水系不难看出，它记述了当时西自巴尔喀什湖，东自巴里坤湖流域，南界昆仑山，北达今哈萨克斯坦境内斋桑泊流域这一广大范围的河流情况。而且，它是在吸收了清代长期考察资料的基础上，选集大量材料编写而成。所以，记述内容一般都比较准确，比较客观、全面、正确地反映了该地区的河流水系及其地理、人文状况。作为区域水道著作，它不仅是该区的空前杰作，在全国也是仅见，代表了当时水道地理著作的新水平。

五　清代世界地理著作《海国图志》

我国最早由中国人自己编撰，并采用经纬度、投影等近代科学方法配制地图的世界地理著作，是由魏源主编、1842 年出版的五十卷本《海国图志》。

魏源（1794—1857），湖南邵阳县（今湖南邵阳市）人，清中期著名思想家、文学家和地理学家。在鸦片战争后，为了使国人了解外国，寻找御侮强国的道路，他在爱国将领林则徐的鼓励支持下，以林则徐搜集和请人翻译的外国地理著作编成的《四洲志》为基础，大加增补著成《海国图志》一书（五十卷，四十九万字），道光二十二年（1842）刊印。到道光二十七年（1847）时，他将该书扩大到六十卷，咸丰二年（1852）又扩大到一百卷，八十四万字。在书中，他大量参引中外史地著作，除林则徐编的《四洲志》外，我国古代的《史记》《汉书》《水经注》，以及清陈伦炯的《海国闻见录》等著作，外国传教士艾儒略的《职方外记》、南怀仁的《坤舆全图》等，还有各种文件、奏折等，至少有百种以上资料被参阅引用。同时参照香港“英夷公司”制的《大宪图》，绘制世界各国地图74幅，以配合文字记述。以一百卷本《海国图志》为例，其记述国家及内容如下：

卷一—二　筹海篇（论海上防卫）

卷三—四　世界和各洲地图

卷五—十　中印半岛各国

卷十一—十六　南洋群岛各国

卷十七　日本

卷十八　南太平洋各岛

卷十九—三十二　印度和西南亚各国

卷三十三—三十六　非洲

卷三十七—四十九　欧洲各国

卷五十—五十三　英国

料。所以，该书资料极为丰富和系统，是我国古代水道著作中最系统、全面的文献资料，对后人利用极为方便。《续行水金鉴》是黎世序等人仿《行水金鉴》体例，辑录了清雍正初年到嘉庆末年的水道资料，全书一百五十六卷（卷首图一卷），约二百万字。此后民国初年，武同举等又编辑了《再续行水金鉴》二百卷，辑录了道光至宣统年间的水道资料。这三部书便共同构成了我国历史上，上启远古下及清末，数千年间首尾相连的水道文献资料，实属我国古代地理著作中的壮举。

《水道提纲》是清代中期齐召南撰著的一部仿照《水经注》体例的全国水道著作，全书二十八卷，包括自序、目次和正文三部分。他虽然是仿《水经注》体例，但在一些具体编目，特别是内容上却突破了《水经注》的范围。如相比于《水经注》，扩大了长江水系的记述，增加了新疆、西藏地区的水道等；再如，齐召南还最早将经纬度应用到水道著作中，在他记述的主要河道中，不少都采用经纬度确定河流位置，使河道的地理位置更为具体准确。它是继《水经注》后，第一部大规模的全国水道著作，对反映当时地理认识，研究历史水文地理极为重要。

《西域水道记》是徐松编撰的一部典型的区域水道著作，是我国关于新疆地区水道情况进行最全面、最深入记录的第一部著作。《西域水道记》也仿《水经注》体例，自分“记文”和“释文”两部分。其“记文”相当于《水经注》的“经”文，十分简明，主要叙述水道流经的脉络，分合汇注情况。“释文”相当于《水经注》的“注”文，比较具体详细，广征博引，内容丰富，不仅记述河流本身的情况，而且对河流流经地区的历史沿革、风土人情、经济文化等情况也都进行记述。特别是根据内陆河流的特征，徐松创造性的依湖泊为区划单元，将所记述地区的河流划分为十一个区（湖）。全书也因此而分成五卷十一篇，即：

卷一　罗布淖尔（罗布泊）所受水（上）
卷二　罗布淖尔所受水（下）
卷三　哈喇淖尔（哈拉湖）所受水
　　　巴尔库勒淖尔（巴里坤湖）所受水
　　　额彬格逊淖尔（玛纳斯湖）所受水
　　　哈喇塔拉额西柯淖尔（艾比湖）所受水
卷四　巴勒喀什淖尔（巴尔喀什湖）所受水
卷五　赛喇木淖尔（赛里木湖）所受水
　　　特穆尔图淖尔（伊塞克湖）所受水
　　　阿拉克图勒淖尔（阿拉湖）所受水
　　　葛勒札尔巴什淖尔（布伦托海）所受水
　　　宰桑淖尔（斋桑泊）所受水

（二）古代“正史”《地理志》的补作

清代学者在对“正史”中的《地理志》进行校勘、注释的同时，也对二十四部“正史”中没有《地理志》的八部（即《史记》《三国志》《梁书》《陈书》《北齐书》《周书》《南史》《北史》）进行了研究，在汇集、分析古代相关资料的基础上，对它们进行了《地理志》的补著工作。其主要成绩如下：

吴增仅撰、杨守敬补正的《三国郡县表附考证》八卷，谢毓英的《三国疆域表》二卷等，可补《三国志》无地理志之缺；洪齮（yǐ）孙的《补梁疆域志》四卷，可补《梁书》无地理志之缺；臧励龢《补陈疆域志》四卷，可补《陈书》无地理志之缺；汪士铎《南北史补志》十四卷，可补《南史》《北史》无地理志之缺；练恕《五代地理考》一卷，可补《旧五代史》郡县志及《新五代史》职方考的简略。《北齐书》《周书》虽未有专门补志，但实际上杨守敬的《隋书地理志考证补遗》，对梁、陈、北齐、北周、隋的地理都有补注和考证。此外，洪亮吉的《十六国疆域志》（十六卷），也对《北齐书》《周书》地理志的补著有一定意义。

总之，由于清代学者的努力，基本上补齐了我国古代正史中的《地理志》一章，使之自汉至清一直贯穿下来，形成我国古代地理学中独特的正史地理志著作体系。

四　水道著作的重视

我国宋代著名学者郑樵曾说："水者，地之脉络也。水道明而凡邦国都鄙之星罗绣错者，因此别焉。"(《通志·地理略》) 充分说明水道（河流）在地理研究中的重要性。所以，在我国古代地理研究中，水道研究一直受到学术界的高度重视，在清代的地理研究中更是如此。清代除了对过去的河流水系资料进行汇编外，还出现了几种著名的全国水道著作和区域水道著作，这就是由傅泽洪、黎世序等人先后主编的《行水金鉴》《续行水金鉴》和齐召南的《水道提纲》、徐松的《西域水道记》。

《行水金鉴》由傅泽洪主编、郑元庆编辑，是我国第一部，也是至今最详备的一部总括古今、系统汇总黄河、淮河等流域水道变迁、水利工程和行政管理情况的水利文献汇集。全书一百七十五卷（卷首附图一卷），约 120 万字，辑录了上古至清康熙末年的几乎所有水利资料。举凡历史上的水利著作、地理著作、方志、杂史、传记等，只要与河流水道的变迁、治理、管理等事项相关，都全部收集，然后以时代先后，分门别类（分河水、淮水、江水、济水、运河水、两河总说、官司、夫役等项）排列辑录资自《汉书》，下及《明史》的边疆域外地理都有考证。如：《汉书·匈奴传》地理考证二卷，《汉书·西域传》地理考证一卷，《后汉书·东夷传》地理考证一卷，新、旧《唐书·西域传》地理考证一卷，《明史·外国传、西域传》地理考证二卷等。

关于《水经注》的校勘注释。北魏郦道元《水经注》自问世以来，即被后人广为刊印、传抄、引用。到宋代时，版本间已有了较大差异。所以，金代即有人开始进行《水经注》的版本、文字整理校订，但直到明代朱谋玮的《水经注笺》，整理都不十分精慎。到了清代，对《水经注》的校勘研究一下子成了一门用功最多的学问，几乎清代第一流的学者、地理学家，十有八九都校注过《水经注》。如清初有黄宗羲、顾炎武、阎若璩、顾祖禹、胡渭、黄仪、刘献廷；清中叶有齐召南、全祖望、戴震、赵一清、孙星衍、段玉裁；清晚期有陈澧、王先谦、杨守敬、熊会贞、丁谦等。当时为《水经注》校勘、考订、注释、作图的各种版本不下50种，其中最著名的有全祖望、赵一清、戴震、王先谦、杨守敬的整理本，即：全祖望的《全氏七校水经注》，赵一清的《水经注释》，戴震的《水经注》，王先谦的《合校水经注》，杨守敬、熊会贞的《水经注疏》。

除以上几种地理著作的校勘整理外，清人还对《穆天子传》、晋代法显《佛国记》、唐代杜环《经行记》、元代耶律楚材《西游录》等著作中的地理问题，也都进行了校勘、注释、整理。

清代对古代地理著作的校勘、整理、注释，主要有以下几方面的成绩：

第一，订正文字，理顺版本。即通过文字、版本比较校勘，恢复了各种地理著作的原来面貌，便于后人阅读、使用。如全祖望、赵一清、戴震的工作，就在于校理清楚了《水经注》在传抄流传过程中，“经”文与“注”文之间、篇目之间的混乱现象，逐渐理出一个比较正确的《水经注》版本。

第二，订正讹误，增补内容。如吴卓信的《汉书地理志补注》，就对班固《汉书·地理志》中许多错讹之处，旁征博引予以纠正。杨守敬的《隋书地理志考证附补遗》，为《隋书·地理志》全文的六倍，不仅纠正了《隋书·地理志》中的错谬之处，更重要的是扩大、丰富了它的内容。

第三，对一些沿革地理问题进行了探讨。清代学者在对古代地理著作的校勘中，往往依据多种资料对一些政区沿革、河道变迁等问题进行系统的探讨。如胡渭关于黄河河道的历史变迁考证、杨守敬《水经注疏》中的许多考释工作等。

卷五十四—五十六　俄国

卷五十七—五十八　北欧各国

卷五十九—六十三　美国和北美各国

卷六十四—七十　南美各国

卷七十一—七十三　各国宗教、中西历法、中西纪年表

卷七十四—七十六　国地总论

卷七十七—八十　筹海总论

卷八十一—八十三　夷情备采

卷八十四—九十三　轮船、大炮模型和图纸

卷九十四—一百　西洋技艺杂述

《海国图志》的记述是以地理记述为主，但广泛涉及各国历史、政治、经济、科学技术、宗教、历法等各个方面，介绍的世界地理范围几近当时的所有已知区域。所以，它是我国当时关于世界地理、世界知识最丰富的著作，对我国近代开展学习西方的“洋务运动”及维新活动，具有重要的启迪作用，许多革新运动的领导人都受过此书的影响，并极力推崇它的作用（如康有为、梁启超等）。同时，它对开阔日本人的视野，推动日本明治维新也具有重大作用。它在1854年即被译成日文，在日本广为流传。由此可见，魏源的《海国图志》不仅在我国地

理学发展史上占有重要地位，而且在思想史上也具特殊地位。

六　地图的演变

作为地理学重要组成部分的地图，在清代有了较大的发展和变化。除了各种地图大量出现外，最突出的发展变化是：历史地图集的编制和经纬绘图法在传统地图中的出现。

（一）历史地图集的编制

关于历史地图集的编制，在中国出现很早。晋裴秀即绘制过历史地理图集性质的《禹贡地域图》18 篇。而清代的历史地图集的编制，不仅种类众多，而且在质量、范围、系统性等方面，都有很大发展。

早在清初，胡渭《禹贡锥指》中就附有 18 幅历史地图。清道光（1821—1850）时，李兆洛主持编绘的《历代舆地沿革图》、杨守敬所绘制的《历代舆地沿革险要图》和《水经注图》，更是将清代，以及中国古代传统历史沿革地理推向了一个新的高峰。

《历代舆地沿革险要图》初刊于光绪五年（1879），计 67 篇，续刊于光绪三十二年（1906），凡 71 篇。包括

《禹贡九州图》《尔雅殷制图》《职方周制图》《春秋列国图》《七国形势图》等。后几经增补，1911年刊行，名为《历代舆地图》，其中隋代以前各幅地图，多附有序、表或札记。该图以清代《大清一统舆图》为底图，采用经纬度制图法和朱墨套印法，以红色表示清代地名、山川，黑色表示古代山川形势。据《观海堂地理书目》统计，这部大型历史地图集共分三百五十八卷，45个图组，分装为34册。该图集无论从制图方法，还是从其通古贯今的系统内容上，都具有极高的科学价值，是清代，也是中国地理学史上空前的地理巨著。它一出版，即广为流传，影响极大。

《水经注图》是杨守敬的又一部历史地理力作，是杨守敬配合校注《水经注》所作，全图采用古今对照、朱墨套印法，将郦道元《水经注》所述各项内容，标注在当代（清）地图上，即所谓该图“皆循郦氏步趋，必一一证合。以书考图，以图复书，无不吻合，而流移变动如诣指掌”（《水经注图·序》）。它也是中国历史地理研究的又一重要成果。

（二）西方经纬度绘图法的应用

关于西方经纬度制图法在中国传统地图中的出现，除了作为独立的西方制图法测绘的《皇舆全览图》《乾隆内府舆图》等存在于清代的大量地图中之外，重要的是在清后期的许多中国人绘制的传统地图中，出现了不少采用西方制图法的痕迹。如同治二年（1863）湖北出版的《大清一统舆图》（又称《皇朝中外一统舆图》，邹世诒、晏圭斋等编绘），就是将西方的经纬度和传统的计里画方法混合使用。清末，为编制《大清会典舆图》，在其所规定的制图条例中，明确规定了以传统画法为基础，采用西方制图法，如：既规定使用计里画方法，又要求省图在可能的情况下使用“圆锥投影”法。而在已编成的许多省级地图集中，都体现了这种中西制图法混用现象，如《甘肃全省舆图》《安徽舆地图》《陕西省舆地图》等，不仅有经纬度，还有图例方面的科学化革新。尽管这些图上的经纬度、投影法等，都极为简单、不准确，却是中国传统地图法向近代制图方面转变的一个重要标志。

自 20 世纪以来，西方地图理论在中国日渐隆盛，早在 1916 年林有壬就翻译发表了有关大地测量方面的论文，系统介绍西方地图测绘工作的新进展（《地学杂志》七卷一期）。此后，曾世英等人即注意到摄影测绘与地形、投影的关系等[①]，使 20 世纪 30 年代的中国地图学已努力与

① 《地理学报》，三卷三期，1936 年。

西方新的地图学理论、方法保持同步。1933 年上海申报馆出版了由丁文江、翁文灏、曾世英三人合编的《中华民国新地图》与《中国分省新图》，它们均采用等高线及分层设色法表示地形，新的投影法（前图为亚尔勃斯投影，后图主要为圆锥投影）。该图一出版，即大受欢迎，也深受西方同行的赞誉。它们先后增订五版，成为此后几十年中国各式地图的基本图样，也使中国传统的旧式地图逐渐走向消亡。因此，可以说，以 20 世纪 30 年代申报馆出版的丁文江等合编的《中华民国新地图》为标志，西方制图法彻底取代了中国传统的“计里画方”法制图学。

七　自然地理认识

清朝自 1644 年入关后，经过几十年的征战，到乾隆时期（1736—1795），才最后形成一个幅员辽阔的统一大帝国。乾隆时期，清朝国内辖地除盛京、吉林、黑龙江三将军辖区以外，还包括称为本部的十八行省（山东、山西、陕西、甘肃、四川、河南、湖北、湖南、安徽、江苏、江西、浙江、福建、广东、广西、贵州、云南、直隶）和称为藩部的内蒙古、青海蒙古、喀尔喀蒙古、西藏、新疆等地。清王朝的疆域：北至恰克图，南至海南岛、团沙群岛，西至葱岭（帕米尔），东至外兴安岭、库页岛。清王朝不仅拥有这样广阔的疆域，而且对之实行了有效的统治和管理，建成的是一个国势强大的统一国家。特别是经过康熙、乾隆两次组织的大范围全国地图测绘工作，使当时人们对中国领土内的地理状况有了相当深入的了解。较之前代，清人对境内山脉体系、江源、河源、气候分布规律等，都有新的认识。

（一）地势

关于全国的山脉体系认识，清初顾炎武等仍引用明末王士性《五岳游草》的论述，阐述当时人们对全国山脉（称“龙”、“龙脉”）大势的认识。清初康熙在国内进行了大规模的地图测量，尤其是乾隆时期对新疆等地的扩测，使当时人们对中国的山川地理大势的认识有了较大进步。其中对中国山脉体系也有了新的认识，如清代后期魏源的《葱岭三干考》云：

> 葱岭即昆仑，其东出之山分为三大干，以北干为正。北干自天山起祖，自伊犁绕宰桑泊（斋桑泊）之北，而趋阿尔泰山；东走杭爱山，起肯特岭，为外兴安岭，包外蒙古各部，绵亘而东，直抵混同入海，其北尽于俄罗斯阿尔泰山为正干。故引度长荒，东趋巴里坤哈密者乃其分

支。分支短，尽乎安西州之布隆谷河。中干自于阗南山起祖，经青海，由三危积石，绕套外为贺兰山、阴山，历归化城宣府至独石口外之多伦湖而起内兴安岭，至内蒙各部而为辽东之长白山，以尽于朝鲜、日本。复分数支，其在大漠内黄河北者为北支；在黄河南、汉水北者为中支；汉水南、江水北者为南支。南干自阿里之冈底斯山起祖，起阿里东为卫藏，入四川、云南，东趋两粤，起五岭，循八闽，以尽于台湾、琉球（《小方壶斋舆地丛钞》第四帙）。

他认为中国境内的主要山脉体系有三条。其中北干为阿尔泰山、杭爱山、外兴安岭一线，其南天山为北干的分支山脉。中干以昆仑山向东，经积石山、阿尼玛卿山分为三支：北支由此向东北经贺兰山、阴山、兴安岭、长白山；中支为秦岭、伏牛山；南支为大巴山。南干似自冈底斯山、巴颜喀拉山、横断山脉到南岭。

尽管魏源的论述中，还有许多不全面的地方（如太行山、祁连山、喜马拉雅山的位置），但基本勾勒出几条主要山脉干线，尤其是去掉了关于东南丘陵作为山脉体系的观念，扩大了正确认识山系的范围。

关于国内各区域的地理大势，清初也已有比较清楚的认识。顾炎武《天下郡国利病书》中，就论述了全国各省会（政治、经济中心）的形成与周围地理环境的关系。

（二）植被分布与气候规律

古人对于植被分布规律，季风、信风等自然地理分布现象，都有一定的认识。较之过去，清代主要有以下几方面的发展，即关于中国第二条植被分界线的明确认识、植物分布垂直带谱，以及台风的深入认识。

关于中国第二条植物分布界线（南岭）的认识，晋代嵇含早在《南方草木状》中已有论述，如其所述："芜菁，岭峤（南岭）以南俱无之。偶有士人因官携种，就彼种之，出地则变为芥，亦橘种淮北为枳之义也"（嵇含:《南方草木状》卷一），即将南岭作为芜菁的种植分界线。此后，也有游人士客注意到南岭南北的植物差异现象。但直到明末清初时，屈大均才"更明确地提出把南岭大庾岭作为我国植物分布的又一条分界线"。他在《广东新语》卷二五中说道：

（榕树）性畏寒，逾梅岭则不生。故红梅驿有数榕，为炎寒（炎热，即南亚热带）之界。又封川西三十里分界村，二广同日植一榕，相去三

> 丈许，而东大西小，东荣西瘁，东榕又不落叶。咫尺间，地之冷暖已分如此。自韶州西北行，榕多直出，不甚高，与广州榕婆娑偃蹇者异。

关于植物分布的垂直带谱现象，先秦《管子·地员篇》中，就曾有描述，此后，各代都有零星记述。清末胡薇元在登峨眉山时，也曾观察记录了峨眉山的植被垂直分布现象。他在《峨眉山行记》中写道：

> 登解脱坡……蹑蹬仰坡，积叶在足……上白岩，四里逾白龙洞金龙寺，浓翠蔽岭，松杉夹道……灌木层累，使人不见其险……五里上峰顶大乘殿……地高风利……六里，上罗汉三坡，荒岭曼衍，古木连蜷……山后荒漠蔓草。

他清楚地记述了峨眉山脚为常绿阔叶林植被（“积叶在足”）；山的上部为针叶林（“松杉夹道”）；再向上则为灌木丛（“灌木层累”）；到山顶就变成了高山草地景观（“荒漠蔓草”）。

关于东南海陆风向的认识和记录，古代认识也比较早。但关于台风与飓风（寒潮或冷锋大风）的差别、特点和发生规律进行比较科学区别的，却是在清康熙时《台湾府志·风信》第一节中谈到的。该书云：

风大而烈者为飓，又甚者为台（颱）。飓常骤发，台则有渐。飓或瞬发倏止，台则常连日夜，或数日而止。大约正、二、三、四月发者为飓；五、六、七、八月发者为台。九月则北风初烈，或至连日，俗称九降风，间或有台，则骤于春飓。……四月少飓日，七月寒暑初交，十月小阳春，天气多晴顺也。最忌六月、九月，以六月多飓，九月多九降也。十月以后，北风常作，然台飓无定期，舟人视风隙以来往。五、六、七、八月应属南风，台将发则北风先至，转而东南，又转而南，又转而西南始止。……五、六、七月间风雨俱至，即俗所谓西北雨、风时而雨也，舟人视天边有点黑，则收帆严舵以待之，瞬息之间风雨骤至，随刻即止，若预待稍迟，则由帆不及而或至覆舟焉。

关于区域气候特点，人们也有新的认识，如对新疆周围地区的气候特征，这时有了比较系统的了解。清肖雄在《听园西疆杂述诗》卷四《气候》中所述：

新疆气候不齐，哈密犹属东陲。而冬之寒、夏之热皆倍于内地。即如夏日，晴则酷热难禁，若天阴风起，忽如冬令，即值暑天晴日，昼中大热。早晚仍需棉服，即当炎日卓午，城中挥汗不止，出城北行三十里，至黑帐房地方，又寒气逼人，气候大约如此。盖因地高土燥，蒸之以炎日，故热不可挡。……巴里坤在大谷中，为新疆极寒处，冬不待言，即夏日晴明，犹宜春服，若阴霾辄至，飞雪著裘者有之。吐鲁番之热，不但迥异各城，并倍于南省。……伊犁虽在北路之西，而地当岭外，气候较北路和平多矣，常下雨，每当三月，大有春景，至九月犹不甚寒，南八城捷至伊犁，犹近温线，故温和而有雨。哈密捷至乌鲁木齐及塔尔巴哈台，地与温线较远，与冷线较近，故雨泽甚稀，常数年不一见。边地多风，常三五日一发，昼夜不止。尘沙入室，出户不能睁眼。戈壁广野中，尤猛烈难行，石子小者能飞，大者能走，沙石怒号，击肉欲破，行人车马遇之，须即停止，苟且遮避，若稍移动，即迷失不复得路矣。

此记载非常形象、生动，这样准确具体记述该地区的气候特点，是以前著作中所看不到的。

（三）潮汐规律

关于潮汐的发生规律及其原因，我国古代早有观察、论述，并有专门著作（唐封演：《说潮》，载《全唐文》卷四四〇；清俞思谦集历代潮汐说成《海塘录》一书等）。到了清代，人们仍在不断探索各地潮汐的规律。顾炎武就对潮汐的发生和涨潮规律进行过总结，比较准确地描述了潮汐现象及其规律。关于潮汐发生的原因，我国很早已注意到潮汐与月球的关系。如唐封演首次提出了月亮和海水“潜相感”（相互作用）而引发潮汐的观点。但此后，我国关于潮汐成因理论的探讨，仍只限于潮汐出现与月球的运动规律的相互关系上，未能进一步解释它们之间的引力机制等问题。直到清代，万有引力定律以及许多西方科学知识传入中国后，人们才开始用现代科学方法去探讨、认识潮汐发生的原因，其中最著名的是魏源的潮汐成因论。魏源用万有引力定律，从天体运动的角度分析潮汐的成因，证实了月亮是引起潮汐的主要原因，指出了每天潮汐的变化时刻，阐述了地球、月球和太阳三者相对位置的变化，使引潮力增加或减少，从而形成每月两次大小潮的变化。同时，他还指出：“然地球亦非四面全水，故潮之长落，各处亦不能尽同，况且，山、峡、洲、岛阻束水势，所以同时之潮，又有或高或低，或大或小，或长落，或不长落之别焉。”（《海国图志》卷九八）魏源的这一论述，标志着我国古代潮汐成因理论的最高认识水平。

除了一般潮汐规律认识外，清代对我国著名的钱塘江潮的成因，也提出了比较合理的解释。钱塘江潮是一处著名自然景观，历来注意的人不少，从地理、水文角度解释其成因的也有颇多论述。如汉代王充认为主要是喇叭形河口地形的影响所致（王充:《论衡·书虚》），晋代葛洪则提出了潮汐能量的概念（葛洪:《抱朴子·外佚文》，载《四部备要》子部），唐代卢肇在继承二人观点基础上，又进一步提出江水的作用，认为大潮是因江水与海水在狭窄河道相遇，“激而为斗”，形成怒潮（卢肇:《海潮赋》，载《海潮辑说》卷上）。此后，宋代燕肃经过调查，发现钱塘江河口存在南北互连的“沙潬（tān）”（拦门沙坎），认为它是暴潮产生的重要原因（燕肃:《海潮论》，载姚宽《西溪丛语》卷上）。此后，各代的论述基本囿于以上各说。直到清代，人们才用综合因素解释钱塘江潮的成因。周春（1729—1815）在他的《海潮说》中指出，钱塘江潮不同于他处的原因是:“他处之潮，海自海而江自江，故其势杂。”而钱塘江潮，“海自东来，经东南大洋，入尖山口而一束，其势远且猛；江自西南，前扬波后重水，龛赭海门而亦一束，其势隘且急，两潮会于城南，激荡冲突”。

这种江潮和海潮共同作用形成暴涨潮的理论，已得到现代暴涨潮理论的证实。表明清中叶，人们已能正确解释钱塘江潮的成因。

（四）地震成因

关于地震的成因，清魏源通过观察、分析，也提出了比从前正确的理论。他通过观察铁末、硫磺、水的化合反应，以及地震后的现象，指出："地震者，地内硫磺、各石之类然（燃）烧也。……总之，地中有温泉及硫磺、各矿，其处则频频遭地震。"尽管此说不尽符合科学道理，但比过去用阴阳二气来解释地震成因，大大前进了一步。同时，魏源还注意到震前的异常现象，以及震中与周边震区的关系等问题。如说："其（地）体愈刚坚者，其震动愈远。再，地动有因本处而震动他处者，有因他处而震动本处者。凡本处之动，上下摇动，其动也大；他处之动，两旁摇晃，其动也小。"（《海国图志》卷九八）其分析都具有相当的科学道理。

（五）河流水汛

对全国河流水汛特色认识上，清代也有进步。明末清初思想家王夫之从补给角度（雪、雨等）分析了河流水汛的成因及其发生的时间，具有重要的科学意义。

明清治黄，依据“束水攻沙”的理论，常采用借清助黄以加大水量，提高冲沙能力。一般说来，根据河流挟沙能力与流速高次方成正比的原理，借清助黄是没有问题的。但是，当黄河流量、流速都很大，而淮河助黄水量小时，便会产生倒灌现象。再则，当黄河高浓度含沙时，清水加入后，是否能促使河道冲刷或淤积，至今仍是一个值得研究的问题，清朝陈法已注意到这一问题。乾隆时，御史胡定曾奏“河防事宜十条”中提出了沟涧筑坝汰沙澄源的建议。其云：“黄河之沙多出自三门（峡）以上及山西中条山一带破涧中，请令地方官于涧口筑坝堰，水发沙泄涧中，渐为平壤，可种秋麦。”这表明他认识到黄河泥沙主要是由于黄土高原的水土流失所造成的，提出在黄土高原地区的丘陵沟壑区打坝拦泥、淤地种麦的措施。这个建议，与我国目前依据黄河水沙原理，在黄土高原地区采取的沟底打坝的水土保持措施，是完全相同的。遗憾的是，胡定的这一重要见解当时并未被注意和采纳，但它仍然反映出那时人们对黄河水性、水沙规律的认识水平。

嘉庆时，河督康基田在《河源纪闻》中，曾谈到他关于河流的河势常态的认识。他说：“河中溜势迁转不一，随水之大小而易其方，不可不权其变，如水小归槽，水大走滩，水之常性也。”又说：“水小力聚于上湾，水大力猛……则其力在下湾。”即正确指出：黄河下游水小时，一般河水归槽，比降变缓，水流随湾而行，冲力在上湾转折处；水大时，比降增大，溜势取直，冲力集中在下湾。

在清代有关黄河水利实践的理论中，我们还应提到魏源关于黄河下游河道的认识，其中包含了他关于黄河下游地理形势、黄河水性等多方面的正确地理观念。关于黄河下游河道流向，他认为黄河北去由大清河入海是一条好的出路。他首先从黄河下游地理形势上分析，说：“地势北岸下而南岸高，河流北趋顺而南趋逆，故挽复道，北难而南易。上游北决，则较下游其挽回尤不易。”“然则河之北决，非就下之性乎？每上游豫省北决，必贯张秋运河。趋大清河入海，非天然河槽乎？”他已认识到，一旦黄河由河南省北决，必然夺大清河入海，而且河决开封以上（封丘），东北流经山东入海为最佳地点。他说：

> 近日黄河屡决，皆在南岸，诚为无益；即北决，而仅在下游徐、沛，归德之间亦无益；惟北决于开封以上则大益。何则？河、济，北渎也，而泰山之伏脉界其中，故自封丘以东，地势中隆高起，而运河分水龙王庙，遏汶成湖，分流南北以济运，是河本在中干之北。自有天然归海之壑。

所以，他主张对北道大清河等加以整治，使之成为黄河下游备道。他还预见到铜瓦厢改道以前的黄河下游河道（由江苏入海），不会维持很久，大改道已成必然趋势。因而，他进一步指出："由今之河，无变今之道，虽神禹复生不能治，断非改道不为功。人力预改之者，上也，否则待天意自改之，虽非下士所敢议，而亦乌忌不议。"（以上引文见《魏源集·筹河篇》）他认为，既然旧河道难以维持，不如有计划地进行人工改道为好，否则黄河就要自找出路（泛滥决口改道）。事实上，在魏源这一论述后不久，咸丰五年（1855）黄河即在兰阳铜瓦厢决口改道，果真北行，沿大清河入海，这充分说明魏源分析的准确性。

关于华北平原上的漳河、永定河的治理，魏源通过实际考察，也提出过不少颇有见识的建议。他指出：在华北平原采取当时流行的"筑堤束水法"治河，不是因地制宜，而是"逆水性"。主张"以不筑堤为上策，顺其性作遥堤者次之，强之就高，愈防愈溃，是为无策"。其理由是漳河、永定河两岸，沙土占十之八九，胶泥仅十之一二，若以沙土筑堤，旋成旋溃，即使不溃决，也愈淤愈高，遇盛涨必建瓴而下，"其害十倍"（魏源:《畿辅河渠议》）。从区域地理特性来看，魏源的这种论述，包含了他对当地地理、水文环境的正确认识，是十分有见地的。

（六）流水地貌发育理论

在自然地理规律认识上，最为突出的当推孙兰关于流水地貌发育的理论——“变盈流谦”说。孙兰把侵蚀和堆积看作是地貌发育过程中，相互关联的两个方面，它们共同塑造和改变着地表面貌，并认为：在以流水为中心的地形演变中，有三种演变形式，即：渐变因素、突变因素和人为因素。他在《柳庭舆地隅说》卷上中说：

> 变盈流谦，其变之说亦有可异者。有因时而变（渐变）、有因人而变（人为因素）、有因变而变（突变）者。因时而变者，如大雨时行，山川洗涤（指散流、暴雨冲刷），洪流下注，山石崩从，久久不穷，则高下易位。因人而变者，如凿山通道，排河入淮，雍水溉田，起险设障，久久相因，地道顿异。因变而变者，如土雍山崩，地震川竭，忽然异形，山川改观，如此之类，亦为变盈流谦。

在这里，孙兰将流水地形变化作为一个开放系统，指出了各种因素的影响和控制作用，它不仅比中国古代的任何地形发育观点都要全面、系统，而且，相对于19世纪戴维斯的“地理循环论”的封闭系统和单一因素（地壳抬升），应更有积极意义。遗憾的是它还缺乏许多科学的实证内容，尚难以同戴维斯的理论相提并论。不过，无论如何，在戴维斯200年以前的17世纪初，孙兰能就流水地形发育提出这样的理论见解，不论是在中国，还是在世界地理学史上，都是极具创新精神的。

八　近代地理教育的肇始

（一）西方地理学影响的深入

1840年鸦片战争以后，许多西方地理著作被翻译介绍到中国。同时，一些地学考察家在19世纪中叶以后，也以各种目的来到中国进行地理考察，作为西方大陆腹地探险的组成部分，也扩大了国外西方地理学在中国的影响。此外，中国学者在西方文化的冲击下，为了了解世界，也积极编写了一批世界地理著作，加速西方近代地理学在中国的传播。

据周昌寿《译刊科学书籍考备》统计，自咸丰三年（1853）到宣统三年（1911）近60年间，共有468种西方科学著作被译成中文出版，其中属于地质地理学的就有58部，有林则徐译的《俄罗斯总记》、英国衣丁堡雷文斯顿的《万国新地志》，英国慕维廉《地理全志》、英国艾约瑟《冰洋事迹述略》、英国莱伊尔《地学浅释》、吴宗廉等译《澳大利亚洲新志》、日本野口保兴《中华大地志》等。

当时学者根据各种中外地理资料编制的中文新式世界地理著作有：魏源的《海国图志》、徐继畬的《瀛环志略》、同康庐的《中外地舆图说集成》、萧应椿的《五洲述略》、王先谦的《五洲地理志略》等。

其中魏源的《海国图志》，为最早由中国人自己编撰，并采用经纬度、投影等近代科学方法配制地图的世界地理著作。它是在林则徐所译外国地理著作《四洲志》的基础上增补而成的。

徐继畬的《瀛环志略》。刊于1848年，以图为纲，有地球全图及各洲、地区图共43幅，另有文字约20万，全书分十卷，其中三卷志亚细亚洲，四卷志欧罗巴洲，一卷志阿非利加洲，二卷志亚墨利加洲，共介绍了世界上100多个国家和地区的地理、人文事项。

同康庐的《中外地舆图说集成》一百三十卷，卷首列中外地图129幅（中国28幅），后分一百三十卷，分别辑录各种中外地理资料，叙述世界地理情况，所收资料极其丰富。

鸦片战争以后，外国侵略者纷纷派遣自己的考察人员，深入中国内地，进行地理、地质和资源考察，足迹几乎遍及中国内地，尤其是边疆各地。其中著名的有：美国地质学家庞院培烈（R· Pumpelly 1863 年来华），曾考察了华北和长江上游一带地区。1904 年他再度来华，与美国地理学家戴维斯和亨丁顿考察了天山和塔里木盆地。1903 年美国地理学家维里士（B· Willis）曾率队来华，先后在山东、山西、陕西、长江中下游地区进行考察，归国后著有《中国的研究》一书。俄国地理学家普日瓦尔斯基在 1870—1884 年，先后 4 次来华考察，足迹遍及内蒙、新疆、青海、藏北、河北等广大西部地区，著有《蒙古和唐古特地区：在东部亚洲高原的三年游行》《从伊宁经天山到罗布泊》等著作。俄国探险家科兹洛夫从 1892 到 1926 年，对西北地区进行了多次考察，到过青海湖及河源地区，著有《蒙古与喀木：1899—1901 年科兹洛夫的探险报告》等著作。德国地质地理学家李希霍芬曾在 1860 年、1868 年来华，考察了中国东部各省，以及西北内陆地区，著有《中国》一书，阐述了他对中国的考察成果。此外，法国人勒让豆（A. F. Legehdre）、戴普拉（J. A. Deprat）等，对我国西南地区，英国人麦克唐纳（D. Macdonald）等对西藏地区，日本人对中国各地，瑞典斯文赫定（Sven Heclin）对中国西部地区等，都进行过重要的地理考察探险活动。当然他们的考察，在方法上都采用西方近代地理学思想和方法，进行地理现象分析、研究、记述，并著有多种研究报告，主要是为各帝国主义侵略中国服务的。其科学成果，一方面向国外社会介绍了中国的地理状况，另一方面往往成为中国近代地理研究的基础，扩大和促进了西方近代地理学在中国的传播和深入。如他们关于北方地文期，关于黄土成因，气候变迁，罗布泊地理等问题的探讨，都成为后来中国地理研究的起点，促进了中国学者对科学地理学研究的重视，加速了中国地理学的近代化。①

（二）近代地理学的萌发

我国古代一直将地理学（舆地学）作为历史学的附庸，不作为专门的学科，就连地理著作的编排归类，也都归在史部之中。这种情况极不利于地理学的发展，影响了地理学作为一门真正独立学科的建立。直到清末才发生了新的变化。

19 世纪中叶鸦片战争以后，我国先后出现了“洋务

① 杨吾扬:《地理学思想简史》，第 124—125 页，高教出版社，1989 年。

派”“维新派”，都提出了要放眼世界、开办新式学校、学习外国科学技术文化，以及改良旧的文化思想体系的要求。在这种情况下，地理学作为了解世界的首要对象和手段，在清末得到了迅速发展。首先是翻译了许多外国近代地理著作，介绍外国的地理环境、地理思想、地理方法。据统计，从1858年到1904年间，翻译刊印的外国地质地理著作就不下百种。其次，随着19世纪末新式学校的陆续开办，学校地理教育也受到了重视。如1902年、1903年，清政府两次颁布的学堂章程中都规定了地理课程的正规学习。在1902年的《钦定学堂章程》中规定：高等学堂政科课程必须包括中外舆地课，学制三年（第一年学外国欧美非洲及海上岛国地理；第二年学地质学大概；第三年学地文学大概）；艺科则包括地质及矿产学；商务科须学商业地理等。1903年颁布的《奏定学堂章程》规定：大学堂中的经学、文学、格致、农、商五科都须设地理课。在文学科中还设有中外地理专业，其学制三年，课程主要有：地理学研究法、中外地理、政治地理、商业地理、历史地理等。其中地理学研究法课程主要讲习中国与外国、气候与地理，以及财政、海陆交通、历史、动植物、文化、军事、工业、风俗等要素与地理的相互关系。《奏定学堂章程》还规定进士馆、译学馆、师范馆所必须开设的相应地理课程，计有地理总论、中外地理、地文学、各大洲地理等。在清政府 1906 年制定的优级师范选科章程中，规定优级师范预科一年毕业，每周要学习世界地理大要三课时；历史地理本科学制二年，开设地理总论、中国地理、各洲分论、地质、地文和人文地理课程。从此，我国地理教育很快摆脱了中国古代以沿革地理学为主体的传统地理学体系，走上了近代科学地理学的道路。特别是，当时的京师大学堂师范馆等，都已切实安排了地理课程。如师范馆第一年有全球大事、本国各境及地图课，第二年有外国各境与地图课，第三年有地文地质学，第四年有地理之次序方法课。据统计，仅京师大学堂师范馆，自 1902 年开始招生到 1911 年辛亥革命，九年间毕业学生 306 名，未毕业生约 230 名，即京师大学堂的师范生中约有 400 人受过系统的近代地理教育，标志着我国近代地理学的兴起。

这里我们还应提起一位作为我国近代地理学先驱的地理教育家、地理学家张相文。

张相文（1867—1933），字蔚西，号沌谷，江苏泗阳县人。中日甲午战争后，他深受维新思想影响，刻苦学习地理，除钻研中国地理外，也积极学习外国地理新知识，努力把我国古代传统的沿革地理学引向近现代科学地理学的道路。他很早就在许多学校讲授过地理学课程，如1899—1903年在上海南洋公学（上海交通大学前身）教地理学；1907—1912年在天津北洋女子高等学校教地理，此后又在北京大学讲授地理等。

他在地理教学中，吸收西方科学地理知识，结合中国特点，编著出版了中国第一批地理教科书。如1901年出版的《初等地理教科书》（上海南洋公学初版）、《中等本国地理教科书》（上海兰陵社初版）。1903年出版了《地文学》教科书（上海文明书局出版），1909年出版了《最新地质学教科书》（上海文明书局出版）等。其中《初等地理教科书》与《中等本国地理教科书》印行总数达200万册以上，对传播西方的近代地理学影响较大。“教科书”这一名词，也是由他的这两本著作所开创的。而他撰写的《地文学》一书，则是我国第一部自然地理著作。《地文学》的内容分星界（宇宙）、陆界、水界、气界、生物界五编。直至现在，普通自然地理著作的编写，其基本内容仍不出这五个方面。尤其是，在此以前所翻译的外国自然地理著作，都是仅限于无机自然界，而张相文却首次增加了生物界一章，把无机自然与有机自然联系起来，这是近代地理学上的一个重要进展。此外，书中还包括了他对一些自然地理现象、规律的科学阐述和探讨。普通自然地理学的建立是区别新地理学（近代地理学）与旧地理学的重要标志之一，张相文《地文学》的出版，无疑是我国近代地理学兴起的又一标志，它也为发展我国近代地理学奠定了初步基础。

为推动我国地理事业的发展，张相文还发起组织了我国第一个地理学学术团体——中国地学会。

1909 年 9 月 28 日，张相文邀集学界名流、各校师生和教育界官员 100 多人，在天津开会成立了“中国地学会”（1912 年会址迁北京）。会上，张相文被推选为会长。我国老一辈著名地理学家白眉初、丁文江、袁复礼、王成组、黄国璋等，都先后加入地学会活动。学会成立后，还定期出版会刊《地学杂志》，自 1910 年 2 月出第一期创刊号，到 1937 年抗战前夕被迫停刊，28 年间共出刊 180 多期，发表论文 1600 多篇。

特别是 1911 年 7 月出版的《地学杂志》刊登了一则中国地学会的有奖征文启示，列出了有关地学的三类 25 个问题，要求应征者写出 5000 字以上的论文，于当年 10 月寄往《地学杂志》编辑部参加评比、交流。其论文涉及自然地理、文化地理、医学地理、人口地理、城市地理、历史地理、经济地理、政治地理、军事地理等众多领域。其问题如下：

甲类：

1. 中国地质北多黄土南多赤砂，其构成之原因先后，可历言欤？

2. 日中黑子究为何物？或谓黑子发现时与地面之水旱有关，能详析其理欤？

3. 自汉以来，中国与西域之交通频繁，凡兵威所及，使节所经及商人高僧之行迹，能详其通路，证以今名欤？

4. 中国北方之地河滨海堧何以多斥卤硝碱？今欲化分改良以成沃壤，其道何由？

5. 风暴时雨，古人多托之神话，试缕陈土俗相沿之谣谚，而以学理推论其原因。

6. 黄梅雨之成因，言人人殊，当会萃诸家之说，据学理以折衷之。

乙类：

1. 变更各省域以适于行政区划议。

2. 文明之趋势多自南而北，而中国何以自北而南？其发展之次第能缕述之欤？

3. 今拟遍设气象台测候所，以预防水旱之灾，试就天然之区域以规划之（含满洲新疆及各藩属）。

4. 就最近界约，胪陈沿边要害，以规战守议。

5. 黄河发源，或谓始于星宿；或谓潜流再发，实始昆仑。能罗列最近探险家之言，据山川之脉络以断之欤?

6. 就传染病之种类，历考其原始发生地，并推阐其发生之原因。

丙类：

1. 自苏伊士运河开通，世界之形势一变，迨巴拿马运河告成，世界之形势又将一变，而影响及于中国者尤大，据已往测方来其利害，可得言欤?

2. 蒙古改建行省区划议。

3. 西藏改建行省区划议。

4. 青海改建行省区划议。

5. 导淮入海，应如何立于分支，以规划全局论。

6. 日本人有为人文地理学者，相矜以创获，而中国诸子百家每先及之，能博引群籍以条证之欤?

7. 规划征兵区域议(含满洲新疆及各藩属)。

8. 中国各都市盛衰变迁考(含满洲新疆及各藩属)。

9. 中国将来之都市变迁说(含满洲新疆及各藩属)。

10. 中国之动植物有来自别土、历久藩生若固有者，试历考其种类与源流。

11. 中国商品以丝茶为大宗，试考其发明之原始与历代输出之衰旺。

12. 自近世趋重工商，而都市之人口日增，田野之人口日减，为生活上一大问题，宜如何调剂盈虚，使国计民生两受其利欤?

13. 竹枝词百首并注(不论本国外国，凡关于山川景物，及特别之风土民情者，皆可入咏，并详加注解)。

张相文及地学会的这些活动都积极地宣传、扩大了科学地理思想在我国的传播和影响，为我国近代地理学的建立和发展做出了重大贡献。因此，他不愧为我国近代地理学的先驱者。由上述可见，20 世纪初，无论从地理教育、地学组织，还是当时地理学所涉及的研究范围、课题，都标志着近代地理学在中国的萌芽。

20 世纪 30 年代中期以后，中国地理学会成立，在我国近代地理学的奠基人竺可桢的倡导和组织下，我国近代地理学的教育和科研正式在全国范围内开始，我国地理学也正式进入近代时期。